L'amour ne doit
rien au hasard

Groupe Eyrolles
61, bd Saint-Germain
75240 Paris Cedex 05

www.editions-eyrolles.com

Le code de la propriété intellectuelle du 1er juillet 1992 interdit en effet expressément la photocopie à usage collectif sans autorisation des ayants droit. Or, cette pratique s'est généralisée notamment dans l'enseignement, provoquant une baisse brutale des achats de livres, au point que la possibilité même pour les auteurs de créer des œuvres nouvelles et de les faire éditer correctement est aujourd'hui menacée.
En application de la loi du 11 mars 1957, il est interdit de reproduire intégralement ou partiellement le présent ouvrage, sur quelque support que ce soit, sans autorisation de l'Éditeur ou du Centre Français d'Exploitation du Droit de copie, 20, rue des Grands-Augustins, 75006 Paris.

© Groupe Eyrolles, 2007
ISBN : 978-2-212-53838-0

Lubomir Lamy

L'amour ne doit rien au hasard

Deuxième édition

EYROLLES

Dans la même collection, chez le même éditeur :

Juliette Allais, *La psychogénéalogie*
Valérie Bergère, *Moi ? Susceptible ? Jamais !*
Sophie Cadalen, *Inventer son couple*
Marie-Joseph Chalvin, *L'estime de soi*
Michèle Declerck, *Le malade malgré lui*
Michèle Declerck, *Peut-on changer ?*
Ann Demarais, Valerie White, *C'est la première impression qui compte*
Jacques Hillion, Ifan Elix, *Passer à l'action*
Lorne Ladner, *Le bonheur passe par les autres*
Dr. Martin M. Antony, Dr. Richard P. Swinson, *Timide ? Ne laissez plus la peur des autres vous gâcher la vie*
Virginie Megglé, *Couper le cordon*
Virginie Megglé, *Face à l'anorexie*
Ron et Pat Potter-Efron, *Que dit votre colère ?*

Dans la série « Les chemins de l'inconscient », dirigée par Saverio Tomasella :

Saverio Tomasella, *Faire la paix avec soi-même*
Catherine Podguszer, Saverio Tomasella, *Personne n'est parfait !*
Christine Hardy, Laurence Schifrine, Saverio Tomasella, *Habiter son corps*
Gilles Pho, Saverio Tomasella, *Vivre en relation*

À Jean Maisonneuve,
Maître *ès* affinités électives

Je remercie tous ceux qui ont permis que ce livre voie le jour ; merci à Fanny Morquin pour sa relecture attentive et ses conseils avisés.

Table des matières

Introduction 1

PREMIÈRE PARTIE
Ce qu'il vaut mieux savoir avant d'aimer

Chapitre 1 – Pour vous, c'est quoi l'amour ? 7
Universalité et confusions 8
« L'amour est un grand maître » 11
Les six styles d'amour 15

Chapitre 2 – Hommes, femmes : quand les stéréotypes prennent vie 19
Identité masculine, identité féminine 21
Masques ou réalité ? 27

Chapitre 3 – Les armes de la séduction 33
Hommes dominants, femmes souriantes 33
Expertes et chasseurs 39

Chapitre 4 - Aimer ou mourir 47
   Pathologie du manque d'amour 48
   L'amour protège ses victimes 52

Deuxième partie
Les lois de l'attraction amoureuse

Chapitre 5 - Pourquoi toi, pourquoi moi ? 61
   Qui se ressemble socialement s'assemble 62
   Près des yeux, près du cœur 66
   Les bons comptes font les bons amants 68
   Apparente vanité 70

Chapitre 6 - Choisit-on vraiment son partenaire ? ... 83
   Rentrer dans le rang 85
   Évanescence du coup de foudre 92
   Accéder à l'immortalité 98

Chapitre 7 - Errements et contrefaçons de l'amour 107
   Petites manipulations amoureuses 108
   Faire revivre ceux que l'on a aimés 117
   Quand l'amour s'intensifie pour des raisons peu romantiques ... 121

Troisième partie
Du nuage au sol

Chapitre 8 - Le grand amour : un mythe déchu ? ... 131
   Les âmes sœurs se retrouvent toujours 132
   Amants mythiques, amants subversifs 134
   Le grand amour à la portée de tous 142
   Les icônes qu'on ne rencontre jamais 147

TABLE DES MATIÈRES

Chapitre 9 – Les illusions qui sauvent l'amour 153
    Le désir de ne pas voir 153
    La rencontre de l'idéal 159

Chapitre 10 – Mode d'emploi pour un atterrissage réussi 169
    Tomber du nuage rose sans trop de douleur 170
    Repérer les signaux d'alerte 173
    L'attirance fatale, ou comment programmer la fin d'une relation dès son commencement 175

Chapitre 11 – Préserver les bénéfices de l'amour 179
    « Deviens ce que tu es » 180
    Joy d'amour se complaît en elle-même 183
    Étendre son royaume 186

Conclusion
L'amour enfin révélé : son caractère, sa vie, ses mœurs 191

Bibliographie 197
Annexe 207

Introduction

« Je l'aime. »

« Je l'aime », et tout est dit.

« Je l'aime » est un aveu, un cri du cœur et une défense.

Il n'est rien qui doive être ajouté, ni retranché. Le sentiment s'est exprimé, entier et irréfutable.

Un choix a été fait. Mais selon quels critères ? Une apparence, un regard, une manière de s'exprimer ? Une sensibilité particulière, des qualités humaines ? Une intelligence remarquable ? Un statut social ?

Ce choix est-il spontané ou calculé ? L'amour naissant est-il révélation ou impulsion irrationnelle, lucidité ou aveuglement ? Le maîtrisons-nous ou échappe-t-il au contraire à notre contrôle ?

C'est à ces questions que nous tenterons de répondre dans cet ouvrage. Avec modestie, parce que la science de l'amour, en psychologie sociale, est une science à l'état naissant ; l'objet même de l'étude est le plus impalpable et le plus imprévisible qui soit. Nombreux sont ceux qui ont cru emprisonner l'amour par des contraintes, des obligations, des précautions, des rituels : ils n'ont pu retenir qu'un homme ou une femme ; l'amour, lui, s'était déjà échappé... Il est dans sa nature même d'être libre, absent des rencontres « arrangées », s'imposant au contraire là où personne ne l'attendait.

Le pari de ce livre est de montrer qu'il existe une logique qui préside à la naissance de l'amour, et qu'une connaissance scientifique peut en découler. Parions que nous pouvons franchir d'un pas le fameux aphorisme de Pascal : « Le cœur a ses raisons que la raison ne connaît point[1] ». Parions qu'il est possible de trouver un maître d'œuvre et un sens dans le labyrinthe des circonstances et des hasards de l'existence, dans les rencontres sans suite, dans les rêveries qui jamais n'aboutissent, dans le désordre de sentiments à la fois changeants et impérieux. Parions, enfin, que négliger la logique inhérente à l'amour naissant revient à attirer sa face obscure : l'amertume, les conflits, l'incompréhension – ou cette forme paradoxale de la solitude qu'est la *solitude à deux*.

Au pays de Descartes, rares sont les recherches empiriques relatives à l'amour. Le thème prête à sourire. La « libido » est abandonnée aux psychanalystes, les stratégies de séduction aux magazines féminins ou masculins, l'exposé d'amours stéréotypées à l'industrie télévisuelle ou cinématographique... On confond ou l'on feint de confondre des notions disparates : amour, sexualité, liaisons, passions...

L'amour est un objet particulièrement difficile à étudier, car il intervient simultanément à tous les niveaux d'analyse[2], qui eux-mêmes interfèrent les uns avec les autres :

- à l'intérieur de l'individu même : émotions, sentiments, attirance, pulsions, instinct. Il est intériorisé, intime, et semble véritablement individuel ;

---

1. PASCAL B., *Pensées*.
2. Voir à ce sujet DOISE W., *L'explication en psychologie sociale*.

INTRODUCTION

- entre les êtres, *via* les relations, la communication, les influences reliant deux personnes ;
- entre les groupes, car il découle des représentations des hommes à l'égard des femmes, et inversement, et des usages et conduites normalisées envers l'autre sexe ;
- en tant qu'idéologie, car son cours est sans cesse influencé par la représentation mythique de l'amour que véhiculent notamment les médias.

Si chaque histoire d'amour est difficile à comprendre tout à fait, c'est parce qu'elle englobe à la fois toutes ces significations :

- des envies, des impulsions que nous croyons personnelles, spontanées, « authentiques » ;
- des relations plus ou moins maîtrisées ;
- des groupes sociaux qui nous enjoignent d'agir de telle ou telle manière ;
- une idée, une réminiscence, la conscience de ce qu'est l'amour ou de ce qu'il devrait être.

C'est pourquoi, paraphrasant Clemenceau[1], nous pourrions dire que l'amour est une chose trop sérieuse pour qu'on la confie aux amoureux…

Quant à nous, nous avons fait le choix de privilégier dans cet ouvrage la complémentarité des approches et des apports théoriques. Tous sont utiles pour comprendre comment naît l'amour : pour savoir s'il s'agit d'une sorte de donnée immanente, résultant nécessairement de la rencontre de deux êtres « prédestinés », ou si au contraire l'amour oscille au gré des rencontres et de nos interprétations des situations.

---

1. « La guerre est une chose trop sérieuse pour qu'on la confie aux militaires. »

Trouver l'amour, est-ce trouver la bonne personne – celle qui nous correspond parfaitement, le sentiment naissant alors forcément de cette rencontre – ou est-ce plutôt porter l'amour en soi-même, avoir de l'amour à déverser sur tous ceux qui se trouveront sur notre chemin ?

PREMIÈRE PARTIE

Ce qu'il vaut mieux savoir avant d'aimer

Chapitre 1

Pour vous, c'est quoi l'amour ?

Léo et Lætitia « sont ensemble » depuis un mois : un mois de « soirées foot » avec les amis de Léo, de débats passionnés sur les transferts à l'OM, l'avenir du PSG, les qualités comparées des joueurs et les injustices de l'arbitrage…

Et Lætitia se demande ce qu'est l'amour. Elle est amoureuse de Léo, mais pas de ses amis, ni du football.

Léo, au commencement, était flatté de sa relation avec Lætitia ; il la trouve pourtant « moins cool » ces derniers temps. On ne peut même plus lui demander d'aller chercher des bières dans le réfrigérateur et, pire encore, il n'y avait *plus* de bières la semaine passée, lors d'une soirée capitale de la Ligue des champions.

Qui plus est, Lætitia devient possessive. Tout est bon pour éloigner les amis de Léo : remarques désobligeantes à propos de traces de chaussures laissées sur les murs (pourtant *à peine visibles*) et de fragments *infimes* de pizzas à la tomate et au fromage soi-disant écrasés sur le canapé en velours ; propos délibérément odieux et vexatoires relatifs au quotient intellectuel desdits amis... Du reste, ceux-ci avaient bien prévenu Léo, d'une formule lumineuse jaillie de leur sagesse instinctive : « Toutes des pieuvres ! » Cette phrase lapidaire résonne à présent puissamment aux oreilles de Léo, peu enclin à sacrifier les beautés viriles de l'amitié pour satisfaire le caprice d'une créature égoïste.

Et Léo de ruminer des sentences peu compatibles avec l'amour idéal. (*Cela fait plus d'un mois qu'on est ensemble et je ne l'ai même pas trompée une seule fois, que veut-elle de plus ?*).

Lætitia aimerait que Léo s'intéresse parfois à elle. Lui estime qu'il a déjà clairement fait la preuve de son amour et que personne ne l'empêchera de vivre ses passions.

Universalité et confusions

L'amour est tout parce qu'il donne un sens à tout. Qu'il vienne à se retirer et il ne subsiste que routines, lassitude et désintérêt.

Portant à son paroxysme ce raisonnement, l'auteur du *Discours sur les passions de l'amour*[1] écrit : « Qui doute après cela si nous sommes au monde pour autre chose que pour aimer ? En effet, l'on a beau se cacher à soi-même, l'on aime toujours. Dans les choses même où il semble que l'on ait séparé l'amour, il s'y trouve secrètement et en cachette, et il n'est pas possible que l'homme puisse vivre un moment sans cela. »

Mais parler d'amour, c'est ne rien dire, car le mot présente trop de significations différentes. Chacun possède sa propre définition de l'amour, chacun croit comprendre de quoi il retourne. Pourtant, ces conceptions

---

1. Texte généralement attribué à Blaise Pascal vers les années 1652-1653.

sont parfois si différentes au sein d'un couple, que leur confrontation engendre confusion et incompréhension.

L'un considère que « l'amour, c'est pour la vie », tandis que son partenaire se sent libre de tout engagement. Pour l'un, le mot *amour* n'évoque guère que des relations sexuelles, quelque peu contraintes par le respect dû à des conventions sociales surannées ; pour l'autre, les relations sexuelles sont un signe et une conséquence de l'existence d'une véritable relation affective où l'on est aimé *pour soi-même*. Certains entendent vivre une relation exaltante et des sensations bouleversantes, tandis que d'autres n'ont à proposer qu'un attachement paisible, une sorte de sécurité affective.

Et vous ?

Le premier écueil sur lequel pourra se briser une relation naissante est donc celui de la définition même de l'amour. Fait aggravant, les définitions des partenaires restent presque toujours tues : tout est sous-entendu. Nous comparons les faits, l'amorce d'une relation, avec notre conception de l'amour, et nous croyons reconnaître, ou non, le sentiment mythique et désiré. Il serait utile de discuter avec la personne élue de vos conceptions mutuelles de l'amour, sans perdre de vue toutefois qu'une discussion de ce type sera le plus souvent interprétée comme un aveu ou une déclaration d'amour. Bien réfléchir, donc, avant de se lancer...

Le mot *amour*, et davantage encore le verbe *aimer*, sont loin de se restreindre au domaine des relations amoureuses ; aussi bien parlera-t-on d'*amour de la patrie*, d'*amour filial*, ou de l'*amour de Dieu*. On *aime* sa petite amie, les sports extrêmes, le chocolat noir, son chien, la Renaissance italienne... Qu'y a-t-il de commun entre tous ces amours, lequel est le plus typique du « véritable » amour ?

L'amour véritable

La méthode dite des « prototypes »[1] consiste à interroger des volontaires à propos d'un concept. Ils doivent proposer différents types ou catégories l'illustrant. D'autres personnes se prononcent ensuite quant au fait de savoir quels types, parmi ceux cités, sont les plus typiques (ou *prototypiques*), les plus représentatifs de la notion étudiée.

Employant cette méthode, Fehr et Russell[2] demandent aux participants de leur étude de dresser la liste de tous les types d'amour qui leur viennent à l'esprit. 216 réponses différentes sont obtenues, parmi lesquelles 93 mentionnées par au moins deux personnes. On constate que l'amitié vient largement en tête (citée par plus de 60 % des individus), suivie de l'amour sexuel, parental, fraternel, maternel, passionnel, romantique, etc.

On propose ensuite à d'autres personnes une liste de vingt sortes d'amour (parmi lesquelles les dix plus fréquentes de l'expérience précédente), en leur demandant d'indiquer à chaque fois s'il s'agit d'un bon exemple de ce qu'est l'amour (de 1, « très mauvais exemple d'amour », à 6, « très bon exemple »). L'amour maternel apparaît alors comme le plus typique, suivi de l'amour parental, puis de l'amitié. L'amour romantique se trouve au cinquième rang, l'affection au neuvième, l'amour spirituel au douzième, et viennent ensuite l'amour passionnel, l'amour platonique, l'amour de soi, et l'amour sexuel.

En hiérarchisant les types d'amour, cette étude fait notamment apparaître quelques cas qui nous semblent remarquables :
- L'amour maternel donne le ton de l'amour véritable : il s'agit d'être à même de se donner entièrement, de façon indéfectible, de se préoccuper de l'avenir de l'autre, de vivre en lui, pour lui.
- L'amour sexuel est l'un de ceux qui viennent immédiatement à l'esprit dès lors que l'on prononce le mot *amour*. Il ne se situe pourtant qu'au

---

1. ROSCH E., "Cognitive Representations of Semantic Categories", *Journal of Experimental Psychology*.
2. FEHR B., RUSSELL J. A., "The Concept of Love Viewed from a Prototype Perspective", *Journal of Personality and Social Psychology*.

seizième rang lorsqu'il s'agit de savoir si c'est un bon exemple d'amour. Comment expliquer ce décalage ? Peut-être est-ce parce que l'association spontanée de l'amour et de la sexualité ne résiste pas à une ébauche de réflexion critique. Celle-ci amène très vite à penser que les relations sexuelles ne constituent guère l'indice d'un amour véritable.

- Le cas symétrique est celui de l'amour platonique, peut-être jugé un peu trop « désincarné » : la plupart des gens considèrent l'amour platonique comme un « véritable » amour, mais ce terme ne leur vient pas à l'esprit spontanément. Nous venons d'évoquer le cas de l'amour maternel, et l'on discerne bien, par contraste avec l'amour platonique purement spirituel, combien une mère aimante est présente, concrètement, lorsque son enfant a besoin d'être aidé, soigné...

Les caractéristiques partagées par la plupart des types d'amour sont l'attention, l'aide, le partage, la compréhension, le respect, l'intimité, et la liberté de parole.

« L'amour est un grand maître »

Afin de connaître les différentes définitions spontanées de l'amour, la question très directe : « À votre avis, qu'est-ce que l'amour ? », a été posée à 135 étudiants, âgés de dix-huit à vingt-deux ans.

Une première remarque s'impose : très rares sont ceux qui avouent ne pas avoir de réponse. En fait, quelques-uns ne répondent pas du tout, et quelques autres précisent qu'ils ne savent pas réellement de quoi il s'agit, faute de l'avoir vécu. Deux étudiants seulement contestent l'existence même de l'amour[1].

---

1. Une étudiante écrit : « C'est un sentiment, une sensation, une émotion que l'homme s'est inventé, mais pour moi, ce sentiment n'existe pas. » Une autre affirme : « C'est une légende perpétuée et amplifiée au fur et à mesure du temps ; c'est une utopie, un idéal qu'on cherche et qu'on ne trouve pas. »

L'AMOUR NE DOIT RIEN AU HASARD

Les définitions de l'amour comportent souvent de multiples facettes, articulées parfois sur un mode « arithmétique » du type : amitié + sexe = amour. Elles débutent souvent par une formulation très générale, telle que : « un sentiment fort et profond », ou « une affection profonde ».

Ceci posé, notre devoir est d'avertir le lecteur que s'il persiste à vouloir être amoureux, il devra accepter d'être :

- phagocyté

  L'amour est souvent défini comme une fusion, une osmose, une symbiose…

  Plus question, donc, de rester indépendant. En amour, deux êtres n'en forment plus qu'un, au prix de la perte d'une certaine liberté, mais en s'enrichissant de la possibilité de se comprendre sans se parler.

- obsédé

  L'image de la personne aimée « nous envahit », « on ne pense qu'à elle et on ne vit que pour elle ».

  L'amour est décrit comme une attirance physique, mentale, et spirituelle : il implique que nous ne puissions nous passer de l'autre, que nous ressentions un intense bonheur en sa présence, un manque lorsqu'il s'éloigne, un déchirement lorsqu'il nous quitte. À proscrire, donc, à tous ceux qui tiennent par-dessus tout à leur tranquillité…

- sacrifié

  L'amoureux s'oublie, vit à travers l'autre, l'aime plus que lui-même, se sacrifie, se dépasse pour lui permettre d'atteindre le bonheur. L'amour, « c'est ne rien attendre de l'autre et tout lui donner ».

  C'est l'un des cas où il serait prudent de s'assurer que les deux partenaires possèdent une semblable définition du sentiment amoureux. Dans le cas contraire, se rappeler que de nombreux manipulateurs seront enthousiasmés par la perspective d'une relation de type : « Cette personne me donne tout/Je lui prends tout. »

- rassuré

  L'un des thèmes dominants de l'amour est celui de l'amour-amitié, ou amour compagnonnage. C'est celui de la sécurité affective, s'opposant aux affres de la passion. Confiance mutuelle, respect, compréhension, entraide, soutien réciproque, partage, fidélité, intimité, amitié, complicité, affection, attachement, tendresse sont ici les mots-clés.

  Lorsqu'ils déclarent que l'amour, « c'est pour la vie », ces étudiants s'illusionnent peut-être, mais ils conjurent la perception anxieuse qu'ils peuvent avoir de l'instabilité croissante des relations de couple.

- déchiré

  Nombre de réponses exacerbent l'idée du déchirement entre joie et souffrance, bonheur et malheur : elles évoquent le « sentiment le plus délicieux, mais aussi le plus cruel », « qui peut faire du bien, mais qui finit toujours par faire du mal », « qui rend extrêmement heureux et fait horriblement souffrir ».

  Éros apparaît comme un dieu dont les faveurs sont chèrement acquises, sans du reste que dans aucune de ces réponses ne transparaisse le *pourquoi* de sa vengeance. « Force capable de tout, d'unir comme de détruire », pouvant « soit nous permettre d'avancer, soit nous faire trébucher », l'amour est de toute manière « imprévisible », « irrationnel », « incontrôlable » et « inexplicable ». Il broie souvent les malheureux qui s'adonnent à son influence, inconscients qui avaient oublié que « la passion peut parfois être destructrice, tuant ainsi l'amour ».

- idéalisé

  L'être qui aime ne voit pas les défauts de l'autre, ou refuse de les voir (« tout ce qui émanera de cette personne nous paraîtra mieux que chez toute autre »). Mais l'amoureux, « égoïste dans le sens où l'on aime uniquement pour être aimé », est aussi égoïste en n'idéalisant son partenaire que pour se rapprocher de ce qu'il aurait toujours voulu devenir.

L'AMOUR NE DOIT RIEN AU HASARD

Pour certaines personnes, aimer, c'est accepter de percevoir les défauts de l'autre, mais « ne pas vouloir le changer, ni le modeler à son image ». Pour d'autres, ce sont les défauts même de la personne qui seront aimés : c'est « aimer tout en elle, chez qui tous les défauts se transforment en qualités », « savoir apprécier les défauts de l'autre »[1].

- transmuté

L'amour est souvent perçu comme le but de l'existence, donnant un sens, une orientation à la vie, transformant l'individu, l'amenant à se dépasser par « le fait de trouver la personne avec qui l'on veut évoluer ». Il est « l'équilibre qu'une personne recherche pour continuer à avancer dans la vie ». Il peut « nous pousser à faire certaines choses que nous ne ferions pas habituellement, l'amour peut changer une personne ». L'amour, « c'est ce qui nous permet de savoir qui nous sommes vraiment ».

C'est peut-être le sens ultime de l'amour que de nous obliger à sortir de nos limitations et de notre égoïsme. Quitte à briser parfois les repères de ceux qu'il fascine et ravit à eux-mêmes...

« Il le faut avouer, l'amour est un grand maître. Ce qu'on ne fût jamais, il nous enseigne à l'être. » écrivait Molière dans *L'École des femmes*.

---

1. Balzac aborde ce thème dans *La recherche de l'absolu* en 1834, lorsqu'il écrit : « La gloire de la femme n'est-elle pas de faire adorer ce qui paraît un défaut en elle ? [...] Bienheureuses les imparfaites, à elles appartient le royaume de l'amour. Certes, la beauté doit être un malheur pour une femme, car cette fleur passagère entre pour trop dans le sentiment qu'elle inspire ; ne l'aime-t-on pas comme on épouse une riche héritière ? Mais l'amour que fait éprouver ou que témoigne une femme déshéritée des fragiles avantages après lesquels courent les enfants d'Adam, est l'amour vrai, la passion vraiment mystérieuse, une ardente étreinte des âmes, un sentiment pour lequel le jour du désenchantement n'arrive jamais. Cette femme a des grâces ignorées du monde au contrôle duquel elle se soustrait ».

Pour vous, c'est quoi l'amour ?

Aimer, c'est accepter, à des degrés variables, d'être remué, bouleversé, transformé[1], parfois aussi rassuré, comblé, transcendé. La sympathie ou l'amour ne sont alors que le prétexte pour sortir de nous-mêmes et participer d'un mouvement qui échappe à notre analyse consciente.

Les six styles d'amour

L'un des modèles théoriques les plus connus et les mieux étayés, lorsqu'il s'agit de décrire à la fois les conceptions de l'amour et les comportements, est celui de Lee[2].

Le modèle de Lee

- *Éros* ou l'*amour passionnel* : attirance immédiate, intense, axée sur le physique. (« Mon amoureux et moi avons été attirés l'un par l'autre dès notre première rencontre. »)[3]
- *Ludus* ou l'*amour ludique* : pas d'investissement dans la relation. Les mensonges sont fréquents, nécessaires même lorsque plusieurs histoires amoureuses sont menées de front. Pas de jalousie ni de possessivité, l'amour n'est qu'un jeu. (« Je peux me sortir d'affaires amoureuses facilement et rapidement. »)
- *Storge* ou l'*amour-amitié* : fait d'attentions mutuelles, sans passion mais durable. (« Avec le temps, notre amitié s'est transformée progressivement en amour. »)

---

1. Thème déjà à l'œuvre dans le roman de Tristan et Yseut, au XIIe siècle, dans la version de Béroul : « Amors par force vos demeine ! ». L'amour « démène » les amants, c'est-à-dire les malmène, les emporte dans son tourbillon, malgré eux, contre eux peut-être.
2. LEE J. A., "A Typology of Styles of Loving", *Personality and Social Psychology Bulletin*.
3. Nous faisons figurer entre parenthèses un exemple de formulation typique de ce style dans le questionnaire élaboré par C. Hendrick et S. S. Hendrick (HENDRICK C., HENDRICK S. S., "A Theory and Method of Love", *Journal of Personality and Social Psychology*).

- *Mania* ou *l'amour possessif* : jalousie, relations de dépendance, faible estime de soi donnent ici la tonalité. (« Je ne peux pas me détendre si je soupçonne que mon amoureux est avec quelqu'un d'autre. »)
- *Pragma* ou *l'amour pragmatique* : fondé sur des considérations pratiques. La recherche du partenaire idéal se fait en fonction de l'âge, du caractère, de la culture, de la profession, du lieu de résidence... (« Un facteur important dans le choix d'un partenaire est le fait qu'il soit un bon parent. »)
- *Agape* ou *l'amour désintéressé* : abnégation, altruisme sans attente de réciprocité. (« Je ne peux pas être heureux si je ne place pas le bonheur de mon amoureux avant le mien. »)

Les hommes privilégient l'amour ludique ; les femmes ont tendance à percevoir plus souvent l'amour sous l'angle amical, possessif ou pragmatique. C'est ainsi que se côtoient ou s'aiment des personnes qui, évoquant l'amour, pensent à des objets si divers qu'ils ne peuvent se comprendre.

Pour l'un, l'amour n'est qu'un divertissement : on joue du Marivaux, du Feydeau... Pour l'autre, l'amour est la chose la plus sérieuse du monde : on s'engage solennellement et pour la vie devant M. le Maire ou M. le Curé, avec la ferme intention d'échapper aux statistiques du divorce.

Pour certains, l'amour est spirituel parce qu'il est échange, communion, dévouement. Pour d'autres, il se confond avec l'instinct sexuel, rendu plus ou moins « convenable »...

Les uns sont dégoûtés de l'amour, cyniques ou désabusés[1]. Les autres, incorrigibles romantiques, persistent à vouloir rêver, idéaliser et espérer.

---

1. Ou encore... expérimentés ? Ainsi La Rochefoucauld écrit en 1665 : « La plupart des femmes se rendent plutôt par faiblesse que par passion ; de là vient que, pour l'ordinaire, les hommes entreprenants réussissent mieux que les autres, quoi qu'ils ne soient pas plus aimables. » (*Maximes*.)

Pour vous, c'est quoi l'amour ?

Peut-être les premiers ont-ils abusé de la chose, puisqu'il semble bien que nous soyons plus sensibles à la poésie de l'amour et aux merveilles de l'âme de notre partenaire « avant », qu'« après » ; « la première fois » qu'après un grand nombre d'expériences amoureuses…

L'amour garde ainsi son mystère : fascinant encore ceux qui n'ont voulu y voir qu'une jouissance et un assouvissement, s'imposant par des réalités concrètes aux rêveurs invétérés, amateurs d'« amour et d'eau fraîche »… Quoi qu'il en soit, et puisque l'amour oscille entre hédonisme et idéalisme, la moindre des précautions, lorsque naît l'amour, voudrait que nous tentions de cerner la conception de l'autre. Nous pourrions ainsi nous éviter les désillusions qui naissent lorsqu'on attelle un aigle avec un bœuf.

Chapitre 2

Hommes, femmes : quand les stéréotypes prennent vie

Jeanne ne fait rien comme tout le monde. Elle aurait pu continuer à se livrer à d'innocentes activités pastorales, mais elle se persuade de « bouter les Anglois hors de France ». Elle prétend entendre des voix, alors même que la schizophrénie n'a pas été inventée. Elle s'entoure d'hommes d'armes ; à dix-sept ans, elle leur impose le respect. Elle ne songe pas à se marier. Elle monte à cheval, en armure. Elle possède une épée, mais préfère brandir son étendard car elle a peur de blesser quelqu'un avec son arme.

Elle s'adresse aux chefs anglais sur un ton comminatoire et prophétique. Elle dicte au Dauphin de France sa conduite. Elle ne cède rien à ses juges. Elle prend peur pourtant lorsqu'on menace de la torturer. Elle accepte alors d'endosser des vêtements de femme, avant de se rétracter et de revêtir à nouveau des vêtements d'homme. Elle livre ainsi à ses juges le seul prétexte qui aura permis, enfin, de la condamner, parce que « relapse », retombée dans

> le péché après s'être repentie. Péché funeste, en effet, que de porter des vêtements d'homme, donc de refuser de se montrer féminine, dans une prison obscure, entourée de gardiens qui certainement la détestaient et n'étaient pas animés des pensées les plus chastes...
>
> Et Jeanne, restée pucelle, s'efface à jamais dans les flammes, symbole éternel de l'amour.

L'histoire de Jeanne d'Arc est le récit de la transgression des lois édictées par les hommes :
- faire la guerre au lieu de faire des enfants ;
- mener des hommes et leur tenir tête au lieu de se soumettre ;
- parcourir de vastes espaces plutôt que de rester cantonnée au foyer.

Mais cette histoire est aussi l'expression la plus classique, la plus traditionnelle, du rôle féminin : Jeanne encourage ceux qui sont dans la détresse, affiche sa compassion pour les malheureux, s'oublie elle-même pour servir les autres, se sacrifie. Elle paraît irrationnelle par sa foi aveugle en son intuition (les « voix » qui la guident). Elle se montre entièrement humble et soumise – non pas devant les hommes qui la haïssent, l'utilisent ou l'abandonnent – mais devant Dieu.

Transgressive jusqu'à être une femme célèbre, sans que quiconque ne se soit préoccupé de vanter sa beauté, la Pucelle d'Orléans tombe, victime de la méchanceté et de la suspicion des hommes. Une femme qui réussit mieux que les hommes dans un métier d'hommes (le métier des armes, doublé d'une dimension politique) n'est-elle pas l'instrument des puissances maléfiques ? Tout juste sa virginité – vérifiée – lui aura-t-elle permis, à la cour du futur Charles VII, de différer le soupçon.

Depuis la chute d'Adam et Ève, on se méfie des femmes, potentiellement adeptes des rapprochements coupables avec les forces du mal.

Confinées dans des tâches ménagères, elles ne risquent pas d'entraîner le monde à sa perte. Qu'on laisse donc les hommes faire la guerre entre eux, tandis que les femmes tiendront le rôle qui sied à leur nature…

Identité masculine, identité féminine

Existe-t-il une nature masculine, distincte de la nature féminine ? Un tempérament masculin différent du tempérament féminin ?

C'est à de telles questions que des centaines de recherches ont été consacrées au cours du XXe siècle. Leurs résultats se sont avérés fructueux, puisqu'on a effectivement mis en évidence des traits de personnalité typiquement masculins et féminins : des dizaines d'auteurs ont établi que les hommes sont actifs, dominateurs, rationnels, tandis que les femmes sont douces, sensibles, sociables…

Tous ces résultats paraissaient solidement établis, avant que l'on ne réalise leur caractère souvent factice[1]. Ils sont en effet largement conditionnés par les préjugés des personnes interrogées et des enquêteurs eux-mêmes.

L'enquêteur, pour sa part, interroge tendancieusement hommes et femmes, et interprète leur propos conformément à ses hypothèses :

- Imaginons par exemple le cas d'un homme relatant un événement de sa vie durant lequel il a hésité à s'impliquer dans une situation dangereuse (conflit, risque d'accident…). Son attitude pourra être interprétée comme l'indice d'une pensée lucide et analytique, ainsi que d'une bonne maîtrise de lui-même. Qu'une femme relate le même genre de situation, et l'on conclura qu'elle se laisse envahir et dominer par sa peur, réaction à l'évidence « typiquement féminine ».

---

1. LORENZI-CIOLDI F., *Les androgynes*.

- Imaginons maintenant qu'une personne déclare être souvent partie « en voyage avec des amis ». S'il s'agit d'un homme, on y verra la preuve que les hommes voyagent beaucoup, car ils sont doués d'un tempérament intrépide et aventureux. Si c'est une femme dont il est question, sa déclaration appuiera l'idée qu'un environnement humain agréable et sécurisant est nécessaire aux personnes du sexe féminin pour affronter les risques de l'inconnu.

Quant aux personnes interrogées, elles subissent les mêmes influences, et sont porteuses des mêmes préjugés. Elles essaieront de faire la preuve qu'elles sont conformes à ce qu'un homme ou une femme *doit* être :

- Un homme, convaincu qu'un « vrai homme » se montre audacieux, capable de réparer une voiture, ou encore infatigable avec le beau sexe, donnera des réponses allant dans ce sens. Il amplifiera ces tendances chez lui ou les inventera au besoin, soucieux qu'il est de se conforter dans une image gratifiante de lui-même et de satisfaire l'enquêteur.

- Une femme évitera de se décrire comme autoritaire, peu conciliante, dépourvue de mari, de compagnon ou d'« ami » – en bref, peu apte aux relations sociales. Peu importe ici la vérité… Par ailleurs, les femmes, davantage encore que les hommes, tendent à présumer des attentes de l'enquêteur et à lui fournir les réponses qu'il est supposé attendre : preuve éclatante de sociabilité et donc de féminité.

Qu'en est-il réellement des différences entre hommes et femmes ? Les femmes, par exemple, ne sont probablement ni plus, ni moins « gentilles » que les hommes. Mais que l'une d'elles pense qu'une femme, pour être vraiment féminine, doit *avoir l'air* gentille, et cela déterminera son comportement. Son pouvoir de séduction sera concerné également, puisque les hommes adhèrent aux mêmes stéréotypes. Ils auront alors la joie d'avoir enfin découvert une « vraie femme ».

Le point de départ des différences *réelles* entre les sexes peut ainsi se situer au niveau des croyances en un prototype de l'homme ou de la femme idéal(e)[1] ; ce sont ces stéréotypes qui détermineront ensuite les comportements.

Comment nous voyons-nous ?

Le plus sûr moyen de faire apparaître les stéréotypes masculin et féminin est de proposer des formulations supposant l'homogénéité de chacun des groupes : tous les hommes sont censés se ressembler, toutes les femmes également.

« Qu'est-ce qu'être une femme ? »

En posant la question : « Qu'est-ce qu'être une femme ? » à des jeunes filles âgées de dix-huit et dix-neuf ans, on leur demandait de raisonner sur la base des ressemblances, des points communs unissant toutes les femmes.

Les réponses obtenues mettent en avant l'idée de soigner son apparence physique, d'être une future mère (« porter la vie en soi »), de prendre soin de son enfant et, au-delà, d'être dispensatrice d'affection, de tendresse et d'amour à l'égard de son entourage. Elles signalent le besoin de plaire, de séduire, d'être remarquée. La douceur et la vulnérabilité sont contre-balancées par le courage, fréquemment évoqué, assorti d'un certain sentiment d'injustice : « C'est très dur d'être une femme » ; elles sont

---

1. Il existe au moins deux hypothèses alternatives pour rendre compte des différences entre hommes et femmes. La première est de nature biologique : tout s'expliquerait par les flux hormonaux, les différences de fonctionnement cérébral, les différences génétiques, etc. La seconde est l'hypothèse d'un façonnage des comportements masculins et féminins, au travers du processus de socialisation ou de normes sociales régissant même les comportements individuels.

« souvent rabaissées par les hommes » ; il faut « être forte et supporter les injustices », « être courageuse et ne jamais se laisser abattre »...

La femme est perçue comme un être sensible, fonctionnant sur le mode du sentiment, des émotions, parfois avec excès. De rêveuse et romantique, elle devient alors lunatique et colérique. L'innocence et la fantaisie s'effacent, au profit des sautes d'humeur et d'un caractère compliqué. La femme se sait naïve lorsqu'elle croit à la sincérité des hommes et au grand amour. Mais être femme, « c'est sourire, s'épanouir comme les fleurs pour conquérir les hommes ».

« Qu'est-ce qu'être un homme ? »

Les réponses masculines à la question : « Qu'est-ce qu'être un homme ? » sont comparativement moins sophistiquées, parfois un peu frustes, voire inexistantes. Elles sont essentiellement axées sur l'idée de responsabilité : l'homme doit être ferme, autonome, assumer ses positions, savoir faire face aux situations. Pour y parvenir, il doit être fort physiquement et psychologiquement, sûr de lui ; il doit savoir s'affirmer, être fier, protecteur. Un autre pôle de réponses s'agence autour de notions disparates, mais convergentes, associant divers stéréotypes typiquement masculins, en marge de la nécessité pour l'homme d'assumer son rôle social, comme le foot, la voiture, l'amitié, ou le fait d'être sportif, sympa, ou de faire la fête.

Les attentes respectives

Les attentes des hommes à l'égard des femmes (« Qu'est-ce qu'un homme peut attendre d'une femme ? ») s'organisent autour de la douceur, du dévouement, de la tendresse, d'un rôle équilibrant. Une femme est censée écouter son conjoint, lui témoigner son amour et son admiration, et se montrer « compréhensive » face à de « petites » infidélités.

Les attentes féminines (« Qu'est-ce qu'une femme peut attendre d'un homme ? ») sont en revanche souvent relativisées par des remarques désabusées, ou des formulations indiquant le caractère improbable de leur réalisation. C'est le cas lorsque les femmes en appellent à « plus de galanterie », à « un peu plus de considération », à « un minimum d'attention », ou au fait « qu'il pense parfois un peu à elle ».

D'autres femmes évoquent crûment le caractère irréaliste de leurs attentes : « Amoureux, beaux, intelligents, où sont-ils ? » ; « Beaux, intelligents, amoureux, sincères : il ne faut pas rêver, ils n'existent pas. » ; « Qu'il soit fidèle ! (les hommes fidèles se font rares de nos jours) ».

Hormis ces réserves, les attentes exprimées s'organisent le plus souvent en référence au besoin d'être reconnue, comprise, respectée, protégée ; le conjoint devrait deviner les désirs de sa femme et tenter de les satisfaire avant qu'elle ne les ait exprimés. Il doit être « gentil mais pas trop », « un peu jaloux, mais raisonnablement, pour montrer qu'il tient à elle ». Il doit en outre – cette réponse revient très souvent – faire rire sa partenaire...

Comment les voyons-nous ?

Auprès d'autres étudiants, la question était ensuite posée avec une formulation faisant apparaître immédiatement les versants négatifs des stéréotypes. Individuellement, puis en groupe, il leur était demandé de compléter les phrases : « Les hommes sont... » et « Les femmes sont... ». On comprendra qu'ici ce sont *les autres* qui sont évalués, de plus en leur présence. Les réponses relèvent donc du désir d'affirmer sa supériorité sur l'autre groupe, voire de la provocation.

Tout un registre de formulations, occulté dans le cas précédent, émerge ici. Les hommes sont accusés d'être immatures, insouciants, irresponsables, égoïstes, menteurs, d'avoir peur d'exprimer leurs sentiments, etc. Les femmes, elles, sont censées être capricieuses, malignes, calculatrices, possessives, bavardes, complexées, insatisfaites, etc.

Ce ne sont plus là que griefs croisés, aboutissant parfois à des formulations parfaitement symétriques. Ainsi les hommes sont-ils qualifiés d'« obsédés » par les filles, tandis que les femmes sont taxées de « vicieuses » par les garçons.

Comment imaginons-nous le partenaire idéal ?

Lors d'une expérience, Fletcher et al.[1] demandent à des étudiants de « construire une image mentale » de leur partenaire idéal, ou une image de la « relation idéale ».

Pour le partenaire idéal, les réponses les plus fréquentes ont trait :
- au caractère attirant, physiquement, de la personne (cité par 92 % des sujets) ;
- à son intelligence (84 %) ;
- à son sens de l'humour (68 %) ;
- au fait d'être sociable (52 %) ;
- attentionné (52 %) ;
- communicatif (48 %) ;
- de bien supporter la critique (48 %) ;
- d'être compréhensif (42 %).

Sont rejetés en fin de classement des items tels qu'avoir un bon travail (6 %), des croyances religieuses (6 %), un âge approprié (8 %).

Au niveau de la relation idéale, les mots les plus fréquemment cités concernent l'honnêteté (48 %), une bonne communication (40 %), le fait d'être amoureux (40 %), compréhensif (36 %), affectueux (36 %)[2]...

---

1. FLETCHER G. J. O., SIMPSON J. A., THOMAS G., GILES L., "Ideals in Intimate Relationships", *Journal of Personality and Social Psychology*.
2. L'ensemble des réponses se regroupent autour des dimensions suivantes :
   - pour le partenaire idéal : chaleur, confiance (digne de confiance, honnête, affectueux, communicatif, sensible...) ; vitalité, attractivité (beauté, santé, vigueur, caractère aventureux...) ; statut, ressources (âge, situation sociale, ressources financières...) ;
   - pour la relation idéale, en parallèle avec les deux premiers facteurs : intimité, loyauté (respect, confiance, soutien, affection...) ; passion (relation stimulante, excitante, amusante...).

   Toutes les dimensions peuvent à leur tour être regroupées autour de deux axes : chaleur/loyauté et vitalité/statut/passion.

On voit donc apparaître l'idée, d'une part de partenaires ou de relations d'où émanent confiance, qualités humaines, sensibilité envers l'autre, et d'autre part un modèle relationnel où priment le physique, l'apparence, la spontanéité, la gaieté (s'épancher envers l'autre/s'amuser avec l'autre).

Masques ou réalité ?

La confusion peut sembler grande lorsque l'on tente de cerner ce qui constituerait la *vraie nature* masculine ou féminine, et plus encore si l'on recherche l'origine de ces caractères.

Pourquoi les garçons pleurent-ils moins que les filles ? Les uns comme les autres ont peut-être déjà intériorisé les attentes de leurs parents, et des adultes en général. On parle en psychologie sociale de l'« effet Pygmalion[1] », en référence à la légende de Pygmalion, roi de Crète, tombé amoureux de la statue qu'il avait lui-même sculptée, et qui pria les dieux de donner vie à cette forme magnifique, ce qu'ils firent.

Si l'on attend d'un garçon qu'il ne pleure pas, ou d'une fille qu'elle apporte un grand soin à sa tenue vestimentaire, il est impossible que l'enfant ne soit pas influencé par cette attente.

Ce raisonnement, cependant, trouve à l'évidence ses limites dans les cas où des comportements différents entre garçons et filles s'observent dès les premiers jours après la naissance[2]. C'est le cas par exemple lorsque l'on constate que dès les premiers jours de leur vie, les filles sont plus attirées que les garçons par les visages et les voix.

---

1. ROSENTHAL R., JAKOBSON L., *Pygmalion in the Classroom*.
2. GEARY D., *Hommes, femmes. L'évolution des différences sexuelles humaines*.

Il y a là, à l'évidence, une influence génétique et/ou hormonale. On constate que les jeunes filles atteintes de la maladie dite « HCS », ou hyperplasie surrénale congénitale (elles sont exposées avant leur naissance à des taux excessifs d'androgènes), s'engagent plus que les autres filles dans des luttes, des jeux de bousculade ou des compétitions athlétiques. Ce comportement, qui pouvait sembler le fruit de la socialisation, est donc clairement d'origine hormonale.

Quant à départager ce qui relève de l'intériorisation de stéréotypes ou d'autres modes d'influence, on devrait se poser la question de toutes les situations où hommes et femmes ressentent comme un poids et une contrainte l'obligation d'agir conformément aux rôles prescrits. Telle jeune fille meurt d'envie de prendre les devants, alors que le garçon qu'elle aime n'a pas remarqué son amour, mais elle se l'interdit parce que ce ne serait pas « convenable ». Tel jeune homme n'avait *a priori* aucun désir de conquêtes féminines sans lendemain, mais finit par aller dans ce sens, en cédant à la pression exercée par sa bande d'amis, inquiets de savoir s'il était « hétéro » ou « homo »…

Ce genre de cas montre qu'il est parfois hasardeux de juger l'autre sur ses actes, car ils peuvent être le fruit de pressions sociales.

Quoi qu'il en soit, de nombreuses différences paraissent bien établies, qui distinguent hommes et femmes au niveau de leurs conduites et de leurs aptitudes[1].

Comment reconnaître que votre amie est vraiment une femme

Toute petite déjà, elle s'intéressait aux autres, regardait les visages, les mimiques, écoutait l'expression de la voix.

---

1. Pour une vision d'ensemble, consulter GEARY D., *op. cit.*

Elle tâchait d'être gentille avec un bébé qui pleure, et partageait même sa tristesse.

Elle essayait de comprendre pourquoi les gens réagissent de telle ou telle façon.

Elle aimait jouer à la poupée, et avec ses camarades, au papa et à la maman.

En groupe, elle se souciait des émotions des filles de son âge, essayait de les consoler ou de les rassurer quand elle le pouvait, et tentait de les persuader sans violence.

Elle admettait qu'une autre fille soit la plus populaire.

Quand elle voulait discréditer une fille qu'elle détestait, elle le faisait le plus sournoisement possible, en médisant dans son dos, en inventant des mensonges, en essayant de l'humilier tout en lui faisant des sourires.

À l'école, c'était une élève studieuse. Elle avait de bonnes notes en lecture, en écriture, et en arithmétique.

Adulte, elle continue à aimer les romans ; elle lit aussi des revues de psychologie.

Elle a une très bonne mémoire pour ses souvenirs personnels et pour la localisation des objets.

En société, elle sait sourire pour mettre les gens à l'aise, se mettre à leur place pour mieux les comprendre.

Elle s'est sentie complètement déprimée après avoir perdu l'une de ses meilleures amies. Elle n'aime pas son corps et est toujours au régime.

Elle est devenue vétérinaire parce qu'elle aime les animaux.

Comment reconnaître que votre ami est vraiment un homme

Enfant déjà, il frappait ses petits camarades. Il aimait les bagarres, les expéditions punitives du groupe d'enfants, dont il était le meneur, contre le groupe rival.

Il n'écoutait personne, négligeait les signes non verbaux, hormis ceux témoignant de la colère d'un « dominant » à son égard (jeune plus âgé et plus fort, adulte détenant du pouvoir…).

Aux autres, il donnait des ordres ; il les insultait, leur coupait la parole, les défiait ; il aimait prendre des risques.

Lorsqu'il jouait avec ses camarades, il s'arrogeait le rôle de Superman, ou du président des États-Unis.

Il jouait avec des petites voitures, des grues, des avions, et les dessinait souvent.

Il était attiré par les animaux dangereux et sauvages.

Il était souvent puni par ses parents ou ses professeurs, faute d'avoir tenu compte de leurs demandes ou avertissements.

Il s'orientait – et s'oriente toujours très bien – dans l'espace ; il ne se perd pas lorsqu'il explore un territoire inconnu, et peut en faire ensuite de mémoire une carte assez fidèle.

Il perçoit très bien la vitesse et le mouvement relatif d'objets en déplacement.

À l'école, il a souvent été pénalisé du fait d'absences ou d'indiscipline, mais il était bon en mathématiques, et particulièrement en géométrie. Il réussit très bien les tests où il faut se représenter des figures géométriques dans un espace à trois dimensions. Il est mauvais en orthographe et en grammaire.

Il a été blessé plusieurs fois en faisant du sport.

Il est devenu ingénieur dans le BTP.
Il ne s'aperçoit pas que son amie est parfois triste.

Il y a quand même des femmes amoureuses...

Le lecteur voudra bien nous pardonner d'avoir quelque peu simplifié les choses, mais nous ne nous sommes jamais beaucoup éloignés des différences réellement observées entre hommes et femmes. Tout gravite autour de la distinction entre *expressivité* et *instrumentalité*. Les femmes se développent en tâchant d'acquérir des compétences sociales ; les hommes tentent d'acquérir un ascendant sur le monde et sur autrui.

Pour l'homme, l'amour est une victoire plus ou moins chèrement acquise, une conquête[1] qui en appelle d'autres. Ce qui est attrayant, c'est le risque, le combat et l'ivresse de la victoire, et non l'ennui de la possession[2] prolongée...

Pour la femme, l'amour est une fin en soi... ou peut-être un prétexte pour attirer et garder auprès d'elle le compagnon qui saura lui être fidèle.

Il faut bien remarquer, néanmoins, que le portrait des hommes dressé par l'observation dénote un style assez primaire : perpétuellement en train de se bagarrer, ils ne font guère preuve de subtilité dans le domaine des relations, mais sont tout de même capables de spéculations physico-mathématiques...

---

1. Le mot est significatif des nombreuses métaphores guerrières appliquées au domaine amoureux : dames « se rendant » à leur vainqueur telles des citadelles conquises, « stratégies » ou « tactiques » déviées de leur sens initial, jusqu'à l'arc et aux flèches décochées par Cupidon... La seule fausse note, peut-être, dans ce concert de glorification des « assauts », émane pour une fois d'un authentique stratège ; on attribue à Napoléon Bonaparte cette pensée que l'on pourrait qualifier aujourd'hui de *décalée* : « En amour, la seule victoire possible, c'est la fuite. »
2. Mot à nouveau à double sens.

S'il n'y avait que ces aspects pour représenter l'identité masculine, il n'y aurait probablement pas de femmes amoureuses. En réalité, les éléments que nous avons relatés sont les éléments observables, souvent quantifiables ; ce ne sont justement pas les plus subtils, qui échappent à toute investigation...

Ces caractéristiques-là appartiennent aux amoureux et aux poètes. Un exemple en est donné avec le célèbre poème de Rudyard Kipling, *If* (voir annexe).

En quoi consiste le message de Kipling ? En un code d'honneur absolu :
- garder l'esprit au-dessus des circonstances ;
- rester imperméable à la médiocrité, et inébranlable dans ses résolutions ;
- se dominer soi-même avant de penser à dominer les autres...

Bien sûr, il s'agit de dominance, comme pour les études relatées précédemment. Mais cette fois, l'homme qui ressemblerait à ce portrait serait remarqué par tous, hommes et femmes confondus.

N'importe qui parviendra à interrompre les autres, à prétendre donner des ordres pour se donner l'illusion de son importance. Mais bien peu seront capables de manifester la dominance comme un empire sur eux-mêmes, comme une fidélité à des principes, comme un courage, une ténacité, un stoïcisme, un refus de s'abaisser à des choses viles.

Ce sont là des valeurs démodées, à l'heure où il convient plutôt d'être « malin », « cool », ou « déjanté »... Il est probable cependant que les aspects de la personnalité qui touchent ou émeuvent profondément évoluent moins vite que les attentes des spectateurs de téléréalité. Probable aussi qu'une femme notoirement « libérée » et masculine, en mal de dominance, bouleverse moins les hommes que la traditionnelle et désormais « ringarde » jeune fille du passé...

Chapitre

Les armes de la séduction

Hommes dominants, femmes souriantes

La séduction opère en fonction de la manière dont une personne « active » le stéréotype la concernant, dont elle tente de ressembler à ce qu'elle « devrait » être.

Mais sur un autre plan, les différences de comportement stéréotypées entre hommes et femmes peuvent être interprétées comme la justification d'un rapport de force. Si la nature intime d'une femme est d'être douce et malléable, cela évitera d'avoir à lui confier des rôles importants dans la société, dans les entreprises. Les hommes pourront continuer de dominer *légitimement* les femmes, puisqu'il n'est pas dans leur nature de diriger, d'ordonner, de commander... Et inversement pour les hommes.

Cependant, si ce modèle est justifié par l'observation, comment expliquer que les femmes, défavorisées, soient elles-mêmes porteuses de ces stéréotypes ? Elles auraient pu s'en affranchir totalement, au fil des mouvements successifs d'émancipation de la femme... Certes, on constate dans l'histoire contemporaine une évolution, mais seulement dans une certaine mesure.

En réponse à cela, on pourrait rétorquer qu'il n'est pas facile de s'affranchir d'un cadre de pensée qui nous encercle et nous imprègne durant toute notre existence. Et que, par ailleurs, les femmes ont peut-être elles-mêmes intérêt à proroger cette situation, qui leur procure d'importants bénéfices secondaires. Abandonnant aux hommes l'illusion du pouvoir, elles se réservent en réalité des possibilités d'influence beaucoup plus subtiles.

Le pouvoir d'un sourire

Prenons l'exemple du sourire. Diverses études montrent qu'il fait surtout partie du stéréotype féminin : un homme qui sourit peu pourra être jugé très masculin ; au contraire, une femme peu souriante ne sera jamais jugée très féminine.

Les « vrais » hommes peuvent se dispenser de sourire

On demande[1] à des personnes des deux sexes d'évaluer le caractère typique de dessins représentant des visages d'hommes et de femmes (de « très masculin » à « peu masculin » pour les hommes, et de « très féminin » à « peu féminin » pour les femmes). Les réponses montrent que le visage de femme perçu comme typiquement féminin est un visage souriant, plutôt que neutre, tandis que le visage d'homme typiquement masculin est neutre plutôt que souriant.

---

1. LORENZI-CIOLDI F., *Les androgynes*.

La femme à l'expression neutre est jugée *triste, dure, renfermée, sévère* ; l'homme neutre étant *sérieux, déterminé, réfléchi, fonceur, concentré* et *intelligent*. Mais inversement, l'homme souriant n'est pas aussi fortement déprécié : s'il est perçu comme *naïf*, il semble également *satisfait, ouvert*, et *bon vivant* ; la femme souriante étant *gentille, heureuse* et *dynamique*.

Mais au-delà du simple stéréotype lié à l'expressivité « typiquement » féminine, ces résultats peuvent être interprétés sous l'angle de relations de pouvoir entre hommes et femmes. Le sourire serait alors le signe que l'on veut se faire accepter par autrui et qu'on lui est favorable.

En matière de comportements réels, à présent[1], on constate qu'en général les femmes sourient effectivement davantage que les hommes. Cet écart s'accentue notamment :

- lorsque les gens savent qu'ils sont filmés ;
- lorsqu'ils interagissent avec une autre personne ;
- lorsqu'ils apprennent à connaître une autre personne ;
- lorsqu'ils parlent d'eux-mêmes ;
- lorsqu'ils ne sont pas en situation de pouvoir, de supériorité, de dominance, ou lorsqu'ils se sentent vulnérables.

Autrement dit, le sourire « typiquement féminin » est affiché d'autant plus souvent qu'une interaction sociale est en cours, que le regard d'autrui est en jeu, et que la femme en question ne se sent pas en position de force.

---

1. LAFRANCE M., HECHT M. A., "Gender and Smiling: a Meta-Analysis", In FISCHER A. H. OATLEY K., MANSTEAD A., *Gender and Emotion*. Les auteurs procèdent par méta-analyse, c'est-à-dire qu'ils regroupent les données obtenues dans un grand nombre de recherches antérieures, ici 147 études représentant 59 076 personnes.

Une « norme d'expressivité » est ainsi clairement véhiculée par le sourire. Celui-ci est un aspect d'un rôle attendu, et il sert en même temps à adoucir la domination d'autrui, et à se concilier les bonnes grâces d'une personne qui pourrait se montrer sévère ou profiter de son statut.

Une prudence toute féminine

Dans l'ordre social traditionnel, les hommes se voyaient confier davantage de pouvoir que les femmes : activités professionnelles, prérogatives de toutes sortes. Aux femmes étaient déléguées la gestion des affaires domestiques et la sphère des relations affectueuses.

Or on relève chez les femmes, par rapport aux hommes[1] :
- une plus grande prudence au début d'une relation amoureuse ;
- un caractère plus pragmatique face à un partenaire éventuel ;
- un défaut relatif de romantisme (pour les jeunes filles ou les jeunes femmes, la tendance s'inversant par la suite).

Tous ces faits peuvent s'expliquer en invoquant la position « basse » qu'occupent les femmes dans la relation de pouvoir hommes/femmes.

Si les femmes sont en général plus prudentes, plus réservées à l'amorce d'une relation, c'est peut-être parce que le choix du « bon » partenaire est pour elles crucial, et qu'une erreur aurait des conséquences désastreuses. En sélectionnant la personne dont elles dépendront par la suite, elles engagent à la fois leur sécurité matérielle, leur statut social, et même l'avenir de leurs enfants, si elles n'ont pas su reconnaître celui qui pouvait devenir un « bon père ».

---

1. BREHM S. S. *et al.*, *Intimate Relationships*.

Une fois leur couple établi, les femmes peuvent se permettre de se livrer à des croyances romantiques et à l'idéalisation de leur partenaire, davantage que les hommes, car cela ne porte plus à conséquence. Et c'est bien ce que l'on observe...

À chacun son style de communication

De même que le sourire ou la prudence en début de relation, les capacités supérieures des femmes dans le domaine de la communication non verbale prennent sens en regard de relations de pouvoir. Les femmes qui, traditionnellement, dépendaient en grande partie de leur mari et de sa situation sociale, auraient ainsi acquis une capacité à comprendre et à décoder ses réactions. Il est en effet nécessaire de s'impliquer dans la compréhension d'autrui lorsqu'on dépend de lui :

- en lui signifiant sa soumission par un sourire, une attitude, une gestuelle ;
- en connaissant sa psychologie ;
- en reconnaissant les signes de contentement ou de mécontentement ;
- en prévenant ses réactions, et en les orientant.

Tout cela relève de la stratégie de celui qui ne peut, ou ne veut, affronter l'autre de front. Et c'est l'inverse pour les hommes : « La maladresse dans le domaine expressif, dont les hommes sont souvent accusés, serait une stratégie visant à occulter et donc à sauvegarder une position de pouvoir, alors que l'aisance avec laquelle les femmes usent du registre expressif viserait à mieux connaître les dominants et le cas échéant à gagner leur faveur, en somme à les manipuler[1] ».

Les styles de communication masculin et féminin laissent apparaître le rapport au pouvoir que les deux sexes entretiennent.

---

1. LORENZI-CIOLDI F., *op. cit.*

Les hommes mettent en avant leur autorité, leurs compétences, leur pouvoir de coercition ; ils affirment, questionnent, ordonnent, s'octroient un plus grand temps de parole, interrompent leur partenaire (plus souvent qu'ils n'interrompent un homme), omettent de lui répondre ou lui répondent *a minima* « Oui, oui »…). Il s'agit donc d'un style de pouvoir *direct*.

Les femmes, pour leur part, usent d'un style de pouvoir *indirect*, mêlant pouvoir personnel et manipulation. Elles insinuent, se montrent gentilles ou boudeuses, sollicitent ou prodiguent de l'affection, éveillent le désir sexuel, usent de leurs larmes, font apparaître leur faiblesse – et c'est probablement dans cette dernière possibilité que réside leur plus grand pouvoir.

Balzac relevait ainsi cet aphorisme : « Le charme le plus grand d'une femme consiste dans un appel constant à la générosité de l'homme, dans une gracieuse déclaration de faiblesse par laquelle elle l'enorgueillit, et réveille en lui les plus magnifiques sentiments[1]. L'aveu de la faiblesse ne comporte-t-il pas de magiques séductions ? »

C'est ainsi que les femmes usant d'un style « expert » (« Mon expérience m'a appris que… », « Je sais que… ») sont moins appréciées que celles qui emploient le style « traditionnel » (« J'ai besoin de votre aide… »)[2].

La femme sait éveiller le désir et mesurer avec acuité l'étendue de son empire et l'évolution de la relation, mais cela ne change rien au comportement masculin. Celui-ci, traditionnellement qualifié d'*instrumental* (par opposition à l'*expressivité* féminine), consiste :

- à s'impliquer dans la réalisation d'objectifs et de réalisations extérieures ;

---

1. BALZAC H. de, *La recherche de l'absolu*.
2. FALBO T., HAZEN M. D., LINIMON D., "The Costs of Selecting Power Bases Associated with the Opposite Sex", *Sex Roles*.

- à se porter vers le monde extérieur, vers les objets et vers les personnes en les instrumentalisant, c'est-à-dire en les utilisant comme des objets.

Tout cela reflète donc bien des stratégies qu'hommes et femmes utilisent à leur avantage, à défaut d'être toujours ce que les autres croient qu'ils sont... Lors de l'initiation d'une relation ou envers des étrangers, des études[1] ont montré que les femmes se montrent plus conciliantes, accommodantes ou passives que leurs partenaires masculins. Pourtant, dans des situations familières ou au sein de relations intimes fermement établies, elles font preuve de plus de combativité et de compétitivité que les hommes.

Et vous ?

Hommes et femmes sont donc plus attirés par les individus de l'autre sexe les plus représentatifs des stéréotypes masculin ou féminin[2]. Cela ne signifie pas que ce rôle social attendu coïncide avec la vraie nature du partenaire. Les semaines et les mois qui passent, seuls, sauront décanter l'apparence de la réalité.

Expertes et chasseurs

Tout se passe comme si les femmes, reléguées par l'Histoire aux tâches domestiques et à un statut de dominées, avaient acquis une sorte d'expertise en matière de relations sociales, seule manière d'adoucir leur sort et de reprendre la maîtrise de la situation.

---

1. CANARY D. J., EMMERS-SOMMER T. M., *Sex and Gender Differences in Personal Relationships*.
2. ICKES W., "Traditional Gender Roles: Do They Make, and Then Break, our Relationships?", *Journal of Social Issues*.

Les femmes au sein du couple

On observe ainsi que, dans les couples[1] :
- les femmes abordent les problèmes relationnels et communiquent sur ce sujet, tandis que les hommes ont tendance à les éviter ou à se retirer de tels échanges ;
- elles devinent mieux les pensées de leur partenaire ;
- elles préfèrent les hommes qui ont un style de communication ouvert et franc, tandis que les hommes préfèrent les femmes qui évitent d'aborder directement les sujets qui leur posent problème ;
- elles décident plus souvent que les hommes de rompre une relation ;
- elles développent des explications plus sophistiquées à propos de leurs motifs de rupture ;
- elles parlent plus ouvertement avec leurs amies de leurs relations intimes.

Des expertes de la relation

Plus exigeantes que les hommes en matière de relations, les femmes sont aussi plus souvent déçues. Elles sont alors plus fréquemment capables de mettre fin à une relation qu'elles estiment insatisfaisante.

Les femmes souhaitent voir fonctionner leur conjoint selon le modèle de « bonne communication[2] » : il doit faire preuve de franchise, ne pas avoir de secrets pour elles, et avoir le courage d'exprimer ses problèmes ou griefs et de tenter d'y apporter avec elles une solution.

Les hommes, quant à eux, sont heureux lorsque leur partenaire emploie le modèle de « bonne gestion » de la relation, c'est-à-dire qu'elle évite

---

1. FLETCHER G. J. O., *The New Science of Intimate Relationships*.
2. FLETCHER G. J. O., SIMPSON J. A., THOMAS G., GILES L., "Ideals in Intimate Relationships", *Journal of Personality and Social Psychology*.

d'être trop directe, et qu'elle veille à ne pas être blessante par l'expression fastidieuse de problèmes de toute façon insolubles...

De manière convergente, on constate que les femmes, plus exigeantes en matière de communication verbale, le sont aussi pour la communication non verbale. Les couples récents semblent heureux lorsque l'épouse est douée pour communiquer de manière non verbale ; mais dans les couples plus anciens, c'est l'aptitude du mari qui est déterminante. Ces résultats indiquent que l'aptitude féminine à comprendre son partenaire permet bien d'engager une relation. Mais, par la suite, l'attitude du mari qui « ne voit rien, ne comprend rien » peut frustrer l'épouse de l'une de ses attentes principales, et dégrader l'ambiance générale du couple.

Cette dimension relationnelle apparaît comme une constante dans la vie des femmes. Les petites filles déjà développent leur identité au travers des relations, tandis que les garçons tâchent de s'affirmer en devenant indépendants[1]. Les femmes pensent davantage que les hommes, et d'une manière plus complexe, aux relations de couple. Elles se sentent plus atteintes lorsque leur partenaire ne veut pas parler des problèmes de la relation, ou ne leur procure aucun soutien affectif.

Et vous ?

> La conclusion qui s'impose est que la stratégie de séduction masculine la plus efficace (déjà connue de tous les manipulateurs) consiste à faire croire à une femme que l'on s'intéresse vraiment à elle, qu'elle a de la valeur en elle-même, pour elle-même. C'est le discours qu'elle attend, qu'elle espère. Ne soyez pas trop naïve toutefois

---

[1]. ACITELLI L. K., YOUNG A. M., "Gender and Thought in Relationships", In FLETCHER G. J. O., FITNESS J., *Knowledge Structures in Close Relationships: a Social-psychological Approach.*

quant à la sincérité des hommes, même si vous pensez que *cette fois-ci c'est vrai*, et que votre partenaire finira bien par s'attacher à vous. L'espoir qu'en lui livrant votre corps un amour autre que charnel jaillira de cette union pourrait bien s'avérer illusoire.

La performance d'abord

Les hommes n'acceptent de consacrer du temps à leur relation que lorsque survient une crise importante, ou lorsqu'un problème urgent doit être traité. Ils semblent plus motivés par le fait d'établir une nouvelle relation que par la dynamique de la relation en cours.

Soumis à l'« injonction sociale à afficher leur virilité », ils tendent à multiplier les aventures passagères, à la manière d'un « tableau de chasse » qui « intègre, et amplifie au besoin, toutes les partenaires »[1]. Socialisés en vue de conquérir le plus grand nombre possible de femmes, les hommes ont tendance à considérer ces dernières comme des « scores », et à traiter la sexualité comme une sorte de performance sportive, au détriment de l'attachement émotionnel qui, aux yeux des femmes, en est pourtant inséparable. Ces dernières envisagent la sexualité comme une preuve d'amour, d'intimité et de proximité affective ; elles n'excusent pas l'infidélité, qu'elle survienne dans un couple marié ou non marié.

Les femmes ne se laissent convaincre de la légitimité d'une aventure extraconjugale qu'au motif de l'amour entre les partenaires, au contraire des hommes, aux yeux desquels l'attirance sexuelle est une raison bien suffisante[2]...

Même pour une aventure « d'une nuit », elles préfèrent avoir affaire à un homme gentil, amical, agréable, sincère ou digne de confiance. Les

---

1. GUIONNET C., NEVEU E., *Féminins/Masculins – Sociologie du genre*.
2. GLASS S. P., WRIGHT T. L., "Justifications for Extramarital Relationships: the Association between Attitudes, Behaviors, and Gender", *Journal of Sex Research*.

hommes, dans une perspective identique, trouvent légèrement plus désirable une femme dénuée de ces qualités[1]. Tout se passe comme s'ils prévoyaient déjà qu'il leur serait plus facile de rejeter dès le lendemain une femme capricieuse, égoïste, prétentieuse ou méchante. Ce genre de défauts leur permettant de ne pas éprouver par la suite de remords excessifs, même s'ils se sont montrés eux-mêmes injustes ou impitoyables.

Et vous ?

Nous pouvons conclure de ce qui précède qu'un homme n'a pas à s'inquiéter du devenir d'une relation amoureuse : il a à faire à une spécialiste... qui sait exactement ce qu'elle cherche. Comme elle n'aime pas sortir du cadre du stéréotype féminin lors de la phase initiale de la relation, la femme adoptera souvent une attitude d'apparente passivité (c'est l'homme qui doit faire les premiers pas pour que les apparences soient sauves). Le plus parlant, dans l'attitude de la femme, est le fait apparemment insignifiant qu'elle *soit là*. C'est sa présence elle-même qui témoigne que la relation se déroule conformément à ses vœux. Car dans le cas contraire, le « hasard », les impératifs fâcheux de l'existence et tout autre contretemps inattendu lui auraient toujours permis de s'échapper de la relation.

> **Julien et Julia** – ou comment de fausses apparences peuvent servir le vrai amour
>
> Julien est professeur de français ; il enseigne en ZEP, au collège Che Guevara. Les petits sont attachants : rarement plus de dix-huit ans en troisième, exceptionnellement plus de 1 m 90 ou de 100 kg.

---

1. BRAUN M.F., BRYAN A., "Female waist-to-hip and male waist-to-shoulder ratios as determinants of romantic partner desirability", *Journal of Social and Personal Relationships*.

L'AMOUR NE DOIT RIEN AU HASARD

Dans ce type de contexte, il convient de se montrer diplomate. Si les enfants sont de bonne humeur (pas de bris de glace ce jour-là, aucune agression violente rapportée), il suffit juste de ne pas les provoquer inconsidérément en ayant l'air de les corriger de façon mesquine sur des points de détail tels que l'orthographe ou la grammaire. Au contraire, mieux vaut profiter de leurs bonnes dispositions. Car s'ils ignorent qui est Montaigne ou Diderot, ils savent tout de même que Corneille est un chanteur rescapé du génocide au Rwanda et que Rousseau a conçu le code de la route. Les plus cultivés identifient même Platon comme le dessinateur attitré du quotidien *Le Monde*.

C'est dans ce contexte d'exaltation intellectuelle que Julien a rencontré Paula, elle-même enseignante au collège. Paula a tout d'abord argué de l'indigence des relations entre collègues, de la nécessité de se « serrer les coudes », etc. Elle a ensuite fait appel au caractère serviable de Julien pour déplacer sa bibliothèque à son domicile. Évidemment, quand on brasse de nombreux ouvrages dans un espace restreint, on est amené à se côtoyer d'assez près. Et c'est là que l'inévitable s'est produit : leurs lèvres se sont jointes. En fait, si l'on veut relater les faits précisément, il siérait mieux de dire que ses lèvres *à elle* se sont jointes à celles de Julien, qui a fait un pas en arrière. Cette réaction scandaleusement timorée lui a valu une scène assez violente de Paula. La pauvre enfant considère en effet comme « inqualifiable » le comportement de Julien, « petit-bourgeois minable », qui la prive de sa « liberté d'exprimer ses sentiments »…

Quelques jours après, Paula, effondrée, ravagée par le remords lié à son inconduite, demande le pardon de Julien. Celui-ci, ému par la sincérité de la jeune femme, le lui accorde volontiers.

Ils se retrouvent côte à côte quelques semaines plus tard, lors d'un pot de départ. Paula engage une conversation enjouée, et lui demande de passer chez elle le lendemain soir « pour parler ». Comment refuser à un être humain contrit de remords la joie d'échanger, de s'expliquer franchement ? Pourtant, Julien opte prudemment pour le refus. Paula le prend mal, et le ton monte très vite : on les regarde, elle l'accuse d'avoir essayé d'abuser d'elle, donne des détails et fond en larmes ; il devient très pâle (un début d'aveu…).

Les armes de la séduction

Mais Paula n'en était pas à son coup d'essai, aussi Julien parviendra-t-il à convaincre ses collègues de son innocence. Il se rappelle alors toutes celles pour qui il n'éprouvait aucune attirance, mais qui insistaient, s'imposaient, manœuvraient…

Il faut toutefois noter que Julien lui-même n'a rien de l'homme parfait : il est casanier, couche-tôt, pas très musclé, peu ambitieux et, pire encore, ce qui est vraiment inacceptable, incapable de planter un clou. Ce n'est donc pas vraiment un homme, et il devrait s'estimer heureux que des créatures de sexe féminin se penchent sur son cas, pour tenter de rallier à une vie de famille saine et normale ce qu'il convient d'appeler « un cas difficile ».

Un jour, Julien rencontre Julia, la nouvelle vendeuse d'une librairie du voisinage, avec qui il échange quelques phrases anodines. Il s'est mis à acheter souvent des livres, pour avoir le plaisir de la revoir et de converser avec elle. Il essaye de deviner à quoi elle s'intéresse, et comprend petit à petit que personne n'occupe son cœur (elle a dit ce qu'il fallait pour le lui faire comprendre). Ils commencent à sortir ensemble. Au fil de ces rencontres, Julien ne peut s'empêcher de comparer Julia à toutes les femmes qu'il a connues auparavant, et un fait particulièrement le frappe. Quand il lui propose quelque chose, elle répond toujours par l'affirmative, au contraire des autres qui n'étaient pas libres ce jour-là, ne voulaient surtout pas voir ce spectacle-là, etc.

Julia ne demande jamais rien à Julien, elle ne lui impose rien, mais elle a l'air heureuse de ce qu'ils font ensemble. Elle le suit avec confiance en tout. S'ils s'assoient quelque part lors d'une balade, jamais elle ne décide la première qu'il est temps de repartir ; elle attend qu'il se lève et le lui suggère. S'ils ont marché longtemps et qu'elle est fatiguée, elle ne dit rien, et continue d'embellir leur promenade de son doux sourire. Pour lui, elle a toujours le temps, elle est toujours de bonne humeur.

On pourrait penser que la passivité de son comportement résulte d'une vie intérieure plate et insignifiante ; que faute d'idées et de volonté, elle attend que l'on pense et agisse à sa place. Mais il n'en est rien, et Julien a souvent remarqué combien elle est fine et intelligente.

L'AMOUR NE DOIT RIEN AU HASARD

Non, il s'agit plutôt d'une attitude délibérée de la part de Julia, l'amenant à adopter le rôle stéréotypé féminin, à donner l'image de la femme souriante et réceptive. *Quel repos*, se dit Julien. *Pas de crise d'hystérie, pas de reproches, pas de complications... C'est bien la première avec laquelle je ne souffre pas au bout de quelques heures. La première qui n'a pas le fantasme de me faire faire tout ce qu'elle a décidé ou, plus précisément, tout le contraire de ce que je souhaite, à seule fin de contrarier, forcer, s'imposer, dominer. La première qui ne réfute pas systématiquement tout ce que je dis pour affirmer avec force combien c'est inepte, ou inacceptable.*

Bien sûr, l'attitude de Julia n'est qu'un jeu, une apparence, un choix stratégique... Mais, pense Julien, *la seule vraie réalité, c'est qu'elle m'aime et essaye de me rendre heureux*. Il croit qu'il a trouvé le dernier spécimen d'une espèce en voie d'extinction ; et il se dit qu'il est temps pour lui d'apprendre à changer une roue de secours...

Julia n'a peut-être pas lu Balzac, vantant chez la femme « l'appel constant à la générosité de l'homme », mais elle est irrésistible en ne demandant rien ; on a envie de tout lui donner parce qu'elle se montre humble. Julien est bien conscient du fait qu'au fond il ne sait rien d'elle, qu'elle est semblable à « l'eau qui dort[1] » : silencieuse, calme, difficile à comprendre. Mais il sera bien temps plus tard de se connaître réellement... si jamais il s'avérait possible de comprendre vraiment ceux que l'on côtoie quotidiennement.

---

1. Métaphore employée par C.-G. Jung dans sa description du type psychologique « sentiment introverti » (JUNG C. G., *Types psychologiques*).

Chapitre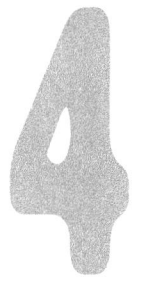

Aimer ou mourir

De l'amour, on se demande souvent quelle est la cause : pourquoi deux personnes ont-elles été attirées l'une par l'autre ? On envisage plus rarement ses conséquences. Pourtant, tout indique qu'il affecte ses émules jusque dans leur santé et leur vie même. Nous ne nous remettons pas si facilement d'amours perdues. À l'inverse, l'amour offre un bouclier protecteur face aux désarrois de l'existence.

Souvent taxé de léger, le thème de l'amour est en réalité le plus grave qui soit. Car l'amour nous transforme, modifie nos perceptions et nos jugements, notre façon de nous manifester. La joie propre à l'amour naissant attise les réminiscences de bonheurs passés et la foi en la beauté de l'avenir. Elle écarte les perceptions douloureuses et lutte, parfois avec succès, pour prolonger l'état de grâce du sentiment naissant.

À ne pouvoir exister sans la personne que nous aimons, nous risquons parfois de ne plus exister du tout. C'est pourquoi nous devrions peut-être accorder moins d'importance au choix de ceux qu'on aime, qu'au fait même d'aimer…

Pathologie du manque d'amour

Qu'il s'agisse de relations de couple ou d'amitié, de liens entretenus au sein de la famille, ou d'activités sociales ou associatives, tous les résultats d'enquête convergent pour souligner le constat d'une meilleure santé chez les personnes les moins isolées. Les relations intimes sont un élément-clé du réseau relationnel, mais des relations régulières hors du champ de l'intimité peuvent aussi avoir un impact positif. Les différents types de relations semblent se compenser mutuellement : ainsi, un homme marié, mais sans amis, aura à peu près la même probabilité statistique d'être en bonne santé qu'un homme célibataire mais entretenant diverses relations amicales.

Amour et longévité

Ces résultats ressortaient notamment de la première recherche consacrée aux relations entre santé et soutien social[1]. Le principe de ces études, menées essentiellement en Grande-Bretagne, dans les pays Scandinaves et aux États-Unis, consiste à suivre sur une longue période un groupe important de personnes, en essayant d'inventorier au mieux leur situation de santé et leur style de vie. On s'enquiert de la fréquence et de la qualité de leurs relations conjugales, familiales, amicales, profession-

---

1. BERKMAN L. F., SYME L., "Social Networks, Host Resistance, and Mortality: a Nine-year Follow-up Study of Alameda County Residents", *American Journal of Epidemiology*.

nelles et autres ; on vérifie s'ils font du sport, fument, ou boivent de l'alcool, et on s'informe de leur état de santé.

Le schéma-type observé dans ces études au cours du suivi est que les individus ayant le plus de relations sociales sont moins nombreux à être tombés malades ou à être décédés que ceux qui avaient moins de relations. Ainsi, dans l'étude de Berkman et Syme, où 4 775 adultes résidant dans le comté d'Alameda (Californie) ont été suivis pendant neuf ans, ceux qui avaient le plus de relations sociales ont été environ deux fois moins nombreux à mourir au cours de l'enquête que ceux qui étaient les plus solitaires.

Bien entendu, on cherche à neutraliser dans ces études l'effet des variables « parasites » : par exemple si l'on constate que les hommes mariés ont deux fois moins de chances de mourir durant l'enquête que les hommes vivant seuls, mais aussi qu'ils boivent beaucoup moins d'alcool que les autres parce que leur femme les en empêche. Dans un cas de ce genre, on ne peut plus savoir si le facteur de risque supplémentaire résulte de la solitude elle-même, ou bien d'une consommation excessive d'alcool rendue possible par la solitude. On s'arrange donc pour comparer des gens comparables pour tous les facteurs que l'on peut contrôler, par exemple des hommes mariés ou célibataires, ayant approximativement la même consommation d'alcool.

En raisonnant de la sorte, on relève que les hommes âgés de trente à quarante-neuf ans ont 2,9 fois plus de chances de décéder au cours des neuf années de suivi s'ils sont célibataires que s'ils sont mariés (le risque relatif diminue dans les tranches d'âge supérieures). De même, les femmes du même âge qui ont le moins grand nombre de contacts avec des amis intimes ou des parents ont un risque 2,8 fois supérieur de décéder par rapport à celles qui ont le plus de contacts avec des amis ou de la famille.

Ce type de résultat est du reste corroboré par diverses autres études. L'impact « protecteur » sur la santé des femmes se produit dans le cadre de relations affectives intenses débordant du cadre du mariage ; le mariage « protège » les hommes plus encore que les femmes. Ainsi, des femmes âgées de soixante ans ou plus, vivant seules, ne présentent aucun facteur de risque particulier dès lors qu'elles ont autant de relations privilégiées à l'égard d'amis ou de parents et d'engagement social que les femmes mariées[1].

L'affection d'un conjoint ou d'amis, la « chaleur humaine » rencontrée dans divers groupes, l'existence même de personnes à qui l'on peut se confier, le fait de savoir que l'on existe aux yeux d'autres personnes s'accompagnent d'un taux de mortalité plus faible.

Mais les relations humaines ont bien d'autres conséquences encore. Les personnes les plus isolées sont en moins bonne santé que les moins isolées, et elles ont en outre plus d'accidents.

Des personnes souffrant de relations sociales perturbées manifestent plus souvent que les autres une faible estime d'elles-mêmes, des symptômes dépressifs, des troubles psychiatriques, une dépendance à l'alcool ou à la drogue, mais aussi des maux de tête, des troubles du sommeil, des infarctus, des cancers, ou la tuberculose[2]. Les hommes séparés ont un risque accru d'être victimes d'une tentative de meurtre (il s'agit de résultats d'études américaines), tandis que les hommes veufs se suicident plus souvent que ceux qui ont encore leur femme, ou que les femmes veuves.

Tout semble indiquer que les hommes sont plus en difficulté que les femmes lorsqu'ils ne bénéficient pas, ou plus, du halo protecteur du mariage. Ils adopteraient alors des conduites à risque, fréquenteraient des quartiers dangereux (d'où le taux d'homicide), négligeraient leur santé, s'alimenteraient mal, ne sauraient pas réagir face à un état dépressif naissant, ne feraient pas attention à ne pas avoir d'accident, etc.

---

1. MICHAEL Y. L., BECKMAN L. F., COLDITZ G. A., KAWACHI I., "Living Arrangements, social Integration and Change in Functional Health Status", *American Journal of Epidemiology*.
2. DUCK S., *Human Relationships*.

Amour et santé

Lors d'une étude réalisée en Finlande entre 1976 et 1995 auprès de 11 122 hommes et 11 339 femmes[1], les auteurs créent un indice *de satisfaction à l'égard de la vie*, ou *indice d'épanouissement personnel*. Cet indice résulte des réponses obtenues à quatre questions : on demande aux participants s'ils trouvent leur vie intéressante (et à quel degré), heureuse, facile, et enfin, s'ils se sentent très solitaires, plutôt solitaires, ou pas solitaires du tout.

On constate que les individus vivant en couple – mariés ou non – se déclarent significativement plus satisfaits de leur vie que les autres. Il apparaît aussi que la satisfaction, comme le sentiment de ne pas être seul, permet de prédire la fréquence de mortalité, qu'elle soit due à une maladie ou à un accident, mais ce, seulement pour les hommes. Les hommes les plus insatisfaits et les plus solitaires ont en effet un risque de décès multiplié par 1,83 pour les maladies et 3,01 pour les accidents, comparé à celui des hommes les plus satisfaits et les moins solitaires (1,35 et 1,93 en éliminant l'impact des facteurs parasites évoqués précédemment).

Les auteurs envisagent l'effet possible de l'insatisfaction sur le développement de certaines maladies. Pour ce qui est des accidents, ils considèrent que « l'insatisfaction pourrait causer un désintérêt pour sa sécurité personnelle ». Quant aux femmes, elles posséderaient une meilleure capacité à « faire face à la détresse psychique[2] ». Il s'ensuit que les chiffres diffèrent peu qu'elles soient satisfaites ou non de leur vie, se sentent seules ou non : même déstabilisées sur le plan émotionnel, elles auront une meilleure capacité à se reprendre en main que les hommes qui, eux, ont tendance à se laisser aller.

---

1. KOIVUMAA-HONKANEN H. *et al.*, "Self-reported Life Satisfaction and 20-year Mortality in Healthy Finnish Adults", *American Journal of Epidemiology*.
2. *Ibid.*

Le fait d'aimer et d'être aimé, de compter pour quelqu'un, de faire partie d'un groupe, d'échanger, affecte notre psychisme, notre santé, notre envie de vivre, notre volonté de réagir aux vicissitudes de l'existence. Et il est frappant de constater qu'en l'absence de personnes amies, un animal domestique peut constituer un substitut efficace. Dans un groupe de 369 patients ayant subi un infarctus du myocarde sévère, le fait de posséder un chien augmente de façon significative, au même titre que la densité du réseau relationnel, les chances de survie dans l'année qui suit[1].

L'amour protège ses victimes

Trois hypothèses peuvent *a priori* expliquer les résultats que nous venons d'évoquer : la *sélection*, la *protection* et la *diversion*.

- L'hypothèse de sélection consiste à penser que les individus jouissant d'une bonne santé sont plus à même d'avoir une vie sociale active, et de tisser de nombreux liens, notamment affectifs. À l'inverse, des personnes malades physiquement, ou en détresse psychologiquement, seront moins capables ou moins désireuses d'aller au-devant des autres. Cela expliquerait que, statistiquement, on observe moins de cas de maladie et de décès chez les personnes les mieux entourées. Évoquer l'appartenance à divers réseaux, c'est déjà sélectionner un certain type de personnes : accéder aux relations sociales implique que l'on est déjà dans un état de santé satisfaisant. Par exemple, dans le cas des relations amoureuses, on remarque que les maladies et les décès sont plus fréquents chez ceux qui vivent seuls, mais la seule raison pourrait être que ceux qui étaient malades ne sont pas parvenus à trouver un conjoint qui les accepte.

---

1. FRIEDMANN E., THOMAS S. A., "Pet Ownership, Social Support, and One-year Survival After Acute Myocardial Infarction in the Cardiac Arrhythmia Suppression Trial (CAST)", In TURNER D. C., WILSON C. C., *Companion Animals in Human Health*.

- L'hypothèse de protection suppose que la présence dans la vie d'une personne de partenaires, d'amis, et de pairs qui l'entourent et sont importants à ses yeux aurait pour effet d'améliorer sa santé tant psychologique que physique.
- Enfin, l'hypothèse de diversion tient au fait que l'état de santé d'une personne resterait bon ou s'améliorerait lorsque cette personne, grâce à sa vie sociale, est distraite d'elle-même et de ses problèmes habituels.

En fait, parmi ces trois explications possibles, seule la deuxième semble confirmée par les faits. Lorsque l'on oppose les hypothèses de sélection et de protection, la balance penche en faveur de la protection[1] : les relations intimes seraient bénéfiques aux individus qui les vivent, alors qu'aucune preuve tangible ne corrobore l'idée que les individus en souffrance soient empêchés d'en établir. Et pour ce qui est de l'hypothèse de diversion, il semble établi que le seul fait d'être distrait de soi-même ne suffit pas à éloigner la maladie et la mort. Des activités solitaires, mais aptes à « faire diversion » (lire, écouter la radio, regarder la télévision), sont fréquentes chez ceux qui présentent un fort risque de mortalité[2].

De même, lorsque l'on compare[3] les effets de diverses activités sur le taux de mortalité – activités réalisées dans le cadre du foyer (bricolage, jardinage, lecture, hobby…), hors du foyer (sports, sorties, dîners, voyages, pratique religieuse…), et activités sociales (invitations, visites à des amis, réunions associatives…) – les taux de mortalité les plus élevés s'observent chez les hommes ayant le moins d'activités hors du foyer, le moins d'activités sociales, et chez ceux dont le foyer compte le moins de membres. Collectionner les timbres ou soigner ses bégonias

---

1. CRAMER D., *Close Relationships*.
2. HOUSE J. S., ROBBINS C., METZNER H. L., "The Association of Social Relationships and Activities with Mortality: Prospective Evidence from the Tecumseh Community Health Study", *American Journal of Epidemiology*.
3. WELIN L. *et al.*, "Prospective Study of Social Influences on Mortality", *The Lancet*.

n'atténue pas le risque d'avoir des ennuis de santé. En revanche, faire des échanges, être connu de diverses personnes, être entouré et aimé a une incidence positive. Il ne s'agit donc pas uniquement de s'occuper l'esprit, ou les mains, mais bien d'avoir une activité impliquant une dimension *relationnelle*.

Si l'hypothèse de protection est la seule qui paraisse réellement fondée, elle recouvre en réalité une multitude de significations que l'on peut rattacher à deux axes principaux[1] :

- La première explication de l'impact des relations sociales sur la santé tient à une *protection contre les effets du stress*. Le réseau relationnel modérerait les effets destructifs du stress sur la santé. On a vérifié par exemple que nous sommes moins stressés lorsque nous sommes soutenus dans nos opinions par une tierce personne, ou même si nous savons qu'une aide serait *éventuellement* disponible en cas de besoin. Les effets du stress lié au chômage, à un veuvage ou à la maladie sont aussi plus limités chez les individus possédant un bon soutien social.

- Le deuxième type d'explication tient à un *effet direct* du réseau sur la santé. Tout d'abord, le fait d'appartenir à un réseau relationnel suffisamment dense procurerait une certaine sécurité émotionnelle, une image de soi positive, des raisons de vivre. Tout cela amènerait l'individu à éviter les conduites à risque, potentiellement dangereuses pour son bonheur et sa santé : consommation excessive d'alcool, tabagie, comportements alimentaires ou routiers désastreux, etc. De façon encore plus simple, l'hypothèse de *contrôle social* implique que des règles sont édictées par le groupe d'appartenance : on ne laisse pas l'individu agir à sa guise, il est surveillé, contrôlé, et reçoit des conseils.

---

1. On trouvera une revue de question détaillée de ces recherches dans : UCHINO B. N., *Social Support and Physical Health. Understanding the Health Consequences of Relationships*.

Une femme conseillera à son mari de moins fumer, et insistera dans ce sens durant des mois ou des années. Elle fera quelques « discrètes » remarques sur les hommes de son âge qui font du sport et qui, eux, ne prennent pas de ventre. À l'inverse, une femme dont la relation amoureuse vient de se briser se nourrira de chocolat – un homme, de chips et de whisky : à quoi bon faire la cuisine juste pour soi ? De la même façon, la conduite routière est généralement moins empreinte de prise de risque chez ceux qui ont « charge d'âme », et pas seulement lorsque leur conjoint ou leurs enfants sont présents dans la voiture.

Bien sûr, ce raisonnement trouve ses limites dans le fait qu'il existe des groupes qui influencent au contraire leurs membres de manière nocive : groupes où l'on boit beaucoup, où l'on fume beaucoup, où l'usage de drogues est systématique et régulier...

Quant à l'hypothèse d'une atténuation des conséquences physiques et psychologiques du stress, elle ne doit pas faire oublier les quelques études ayant mis en évidence des effets négatifs du soutien social *reçu*. En effet, lorsqu'une personne se sent dépendante de l'aide d'autrui, invalidée ou diminuée, c'est une tendance à l'accroissement du taux de mortalité que l'on observe. C'est plutôt un « soutien invisible » qui serait à même d'aider une personne en difficulté, une aide apportée par *amour* plutôt que par *pitié*. Sentir que l'on fait partie d'un groupe (familial, amical, professionnel, associatif ou autre) aide à vivre ; sentir que l'on est une charge aiderait plutôt à mourir.

Nadia et Jérémy, ou comment l'amour peut échapper à la mort

Le mariage est le tombeau de l'amour. Que deviendrais-je si je tombais entre les griffes d'une femme ? Elle pourrait me forcer à lui faire un enfant et même, pire encore, refuser de faire la cuisine. Telles sont quelques-unes des réflexions infantiles et funestes qui agitent l'esprit de Jérémy.

L'AMOUR NE DOIT RIEN AU HASARD

Nadia lui sourit et se penche sur le vide de son cœur. Elle se dit qu'ils iraient bien ensemble, qu'ils seraient bien ensemble. Elle ne le brusque pas. Elle pense à lui, ardemment, et se sent assez forte pour se faire aimer. Elle dissipera ses inquiétudes, elle l'attirera à elle – tous les hommes sont des enfants. Il lui suffit d'être patiente et de l'amener pas à pas vers son but.

Jérémy a peur de la mort qui engloutit les relations, qui fait disparaître les êtres les plus chers. La mort de l'amour n'est-elle pas la seule véritable mort ? Nous sommes vivants dans ceux que nous aimons. Nous souffrons lorsqu'ils souffrent. Quelque chose en nous vieillit et meurt avec eux.

Pour ne pas souffrir, il faudrait ne pas aimer. Mais sans amour, à quoi bon vivre ?

Jérémy aime Nadia, et c'est parce qu'il l'aime qu'il ne veut pas vivre avec elle. Il ne veut pas la voir triste les jours de déprime ; il ne veut pas la voir vieillir.

Nadia, elle, veut vivre. Vivre tout de suite. Profiter de ce que la vie peut offrir. Elle a confiance en Jérémy. Au fond, toutes les femmes croient que les hommes sont de preux chevaliers qui viendront les arracher à leur vie présente, les emmèneront et prendront soin d'elles… si elles n'oublient pas de les surveiller un peu.

Entre Nadia et Jérémy, les tractations ont été laborieuses :

- *Primo*, il fallut faire croire à Jérémy qu'entre eux, seul l'amour comptait, et que les relations physiques n'avaient en aucune manière un caractère obligatoire. Nadia, du reste, n'y pense jamais.
- *Secundo*, elle adore faire la cuisine ; depuis toute petite, avec sa mère, etc.
- *Tertio*, « démarrer une relation n'engage à rien ». On peut faire un essai ; si cela ne fonctionne pas, on se quittera bons amis, comme des adultes sont capables de le faire.

Jérémy a accepté de mettre ses inquiétudes entre parenthèses. Il n'aime de toute façon que ce qui est éternel. Il aime la grandeur d'âme chez ceux qui la manifestent. Il aime les gens humbles et courageux. Il aime la délicatesse d'esprit, la distinction d'une allure. Toutes choses qui échappent aux vicissitudes de l'existence, voire s'en exaltent. Nadia l'a compris, qui sait qu'elle sera aimée aussi longtemps qu'elle suscitera respect et admiration.

Les femmes sont incompréhensibles pour les hommes, mais dans ce mystère, elles peuvent être l'écran où ils projettent leurs rêves. Et Jérémy idéalise leur amour en se répétant ces vers de François Villon : « Dame serez de mon cuer, sans débat, entièrement, jusques mort me consume […] Le mien cuer du vostre désassemblé jamais ne sera[1]. »

Du destin des mal-aimés, ou comment valider son malheur

En marge des effets sur la santé, le manque d'amour ou, plus largement, de relations humaines, affecte de nombreux domaines de l'existence. Une série de recherches l'a montré[2] au moyen d'une procédure de base assez simple : on fait passer un test de personnalité aux participants, puis on leur communique un résultat imaginaire. On les informe que leurs réponses à l'une des échelles de personnalité témoignent :

1. ou bien de mauvaises relations interpersonnelles, et qu'ils finiront leur vie solitaires ;
2. ou bien d'un bon potentiel relationnel – ils auront toujours des amis et des gens qui leur manifesteront leur attachement ;
3. ou bien qu'ils ont une prédisposition aux accidents, qui ne manqueront pas de se produire plus tard dans leur vie.

---

1. VILLON F., *Le testament*.
2. BLACKHART G.C., BAUMEISTER R.F., TWENGE J.M., "Rejection's Impact on Self-Defeating, Prosocial, Antisocial, and Self-Regulatory Behaviors", In VOHS K.D., FINKEL E.J., *Self and Relationships. Connecting Intrapersonal and Interpersonal Processes*, New York, The Guilford Press, 2006.

On constate alors que ceux à qui l'on a fait croire qu'ils seraient toujours rejetés vont ensuite privilégier des stratégies de gratification à court terme. Diverses expériences ont ainsi montré que :

- Ils font des choix qui leur sont préjudiciables, prennent des risques déraisonnables dans l'espoir d'une improbable gratification à une loterie.
- Ils préfèrent se faire plaisir en consommant des sucreries, en lisant des magazines *people* ou en pratiquant des jeux vidéos, plutôt que de prendre soin de leur corps ou d'améliorer leur score d'intelligence.
- Ils se montrent moins généreux lorsqu'ils sont sollicités pour une cause sociale ou humanitaire.
- Ils sont moins coopératifs, moins serviables, sont plus durs et agressifs envers un tiers – même quand celui-ci ne leur a rien fait de mal.
- Ils sont plus impatients, se découragent plus vite, sont moins concentrés lors d'une tâche délicate.

Ceux qui se croient mal-aimés manifestent ainsi des comportements auto-destructifs et défaitistes ; ils cherchent à se consoler de leur « malheur » par des gratifications faciles et immédiates (nourriture, jeux, gains, stratégies égoïstes…), quitte à sacrifier l'avenir, leur santé, ou l'opinion des autres.

Ainsi donc, lorsque l'amour fait défaut (ou qu'on se l'imagine), vaut-il mieux éviter d'enclencher la spirale de la défaite. En effet, il y a fort à parier que des comportements désastreux envers nous-même et envers les autres suscitent un surcroît de défiance à notre encontre, qui à son tour appellera des comportements auto-punitifs ou agressifs, et ainsi de suite.

DEUXIÈME PARTIE

Les lois de l'attraction amoureuse

Chapitre 5

Pourquoi toi, pourquoi moi ?

Pour bénéficier des bienfaits de la vie en couple, encore faut-il rencontrer la personne que l'on pourrait aimer. Or le choix qui nous est offert par la destinée est parfois limité. Il est toujours contraint par des régulations sociales, qui tendent à nous faire rencontrer certaines personnes plutôt que d'autres, au risque de ne nous proposer pour conjoint « possible » que des gens pour qui nous n'éprouvons aucun attrait. Il reste alors comme recours l'élargissement du champ d'investigation et la multiplication des rencontres (sorties, voyages, *speed-dating*), quitte à découvrir cette fois qu'une trop grande distance sociale nous sépare du conjoint pressenti, et que nous n'avons rien à nous dire.

Qui se ressemble socialement s'assemble

Après avoir beaucoup rêvé, après avoir fait diverses rencontres et expériences, nous souhaiterions trouver « la » bonne personne : le conjoint que nous avons construit dans notre imagination, celui qui nous correspond tout à fait. Et dans l'idéologie de la tolérance, il ne saurait y avoir de ségrégation de classe. Tous les individus ont la même valeur humaine, seul l'attrait individuel justifie le choix amoureux.

La sociologie, pourtant, porte un regard plus cru sur l'amour : « Les données statistiques montrent à quel point la thématique du prince charmant est un mythe. Les unions matrimoniales sont d'abord marquées par l'homogamie, soit le fait de se mettre en couple avec quelqu'un de son milieu, ou d'un milieu proche[1]. »

Depuis l'étude classique d'Alain Girard[2], la notion d'homogamie s'est largement imposée. Tout au plus concède-t-on une « diminution très lente » du taux d'homogamie[3], malgré la progression d'une ouverture d'esprit favorable au brassage entre personnes de cultures ou de milieux différents.

La probabilité d'union entre deux médecins, deux professeurs, ou deux agriculteurs, pour ne prendre que ces exemples parmi tant d'autres, reste très supérieure à ce que le hasard produirait. L'influence du statut des parents est aussi déterminante dans la définition de l'origine sociale : « Entre deux institutrices, l'une fille de cadre supérieur, l'autre d'ouvrier, la première a trois fois plus de chances (33 % *vs* 10 %) d'épouser un cadre supérieur. Une puissante inertie pousse à trouver

---

1. GUIONNET C., NEVEU E., *Féminins/Masculins - Sociologie du genre*.
2. GIRARD A., *Le choix du conjoint*.
3. KAUFMANN J.-C., *Sociologie du couple*.

conjoint près de son monde social, qu'il s'agisse de proximité culturelle, de voisinage, de milieu de travail, ou de la force de formes visibles et invisibles de ségrégation spatiale des lieux où se rencontrent les conjoints[1] ».

N'importe qui ne rencontre pas n'importe qui et, pire encore, quand bien même la rencontre aurait lieu, chacun ressentirait confusément ce qui le sépare de l'autre : goûts esthétiques ou culinaires, manière de recevoir ses amis, façon de parler, de se vêtir[2]...

Les membres des classes populaires tendent à se rencontrer dans des *lieux publics* (bals, fêtes, cinémas, rue, cafés, centres commerciaux, transports en commun...) ; les classes favorisées « à capital intellectuel » (personnes cultivées, ayant fait de longues études...), dans des lieux *réservés* (associations, lieux d'études, lieu de travail, clubs sportifs, boîtes de nuit...) ; les classes favorisées « à capital économique » (patrons ou professions libérales), dans des lieux *privés* (fêtes ou rencontres entre amis)[3].

Cette gradation dans la limitation de l'accès aboutit à protéger de plus en plus les jeunes issus de ces milieux, à mesure que le capital « intellectuel », puis « économique », croît. On pourrait considérer que leur milieu d'origine souhaite leur épargner de « mauvaises rencontres ». La règle est alors que l'on ne fréquente que des personnes ayant reçu l'aval du groupe, des gens « comme il faut », avec lesquels il n'y aura pas de mauvaises surprises, ou encore des gens possédant des aptitudes, une culture, des connaissances, des centres d'intérêts qui les distinguent du commun. Mais plus encore, ces jeunes semblent avoir eux-mêmes intériorisé le type de conjoint « recevable » dans leur milieu. C'est pourquoi

---

1. GUIONNET C., NEVEU E., *op. cit.*
2. Sur ce sujet, consulter BOURDIEU P., *La distinction*.
3. BOZON M., HÉRAN F., « La découverte du conjoint » (vol. II), *Population*.

les milieux sociaux se côtoient et s'interpénètrent, tout en restant relativement imperméables les uns à l'égard des autres. Pour ne prendre que l'exemple de la rue, on pourrait dire qu'aucun milieu social, même le plus renfermé sur lui-même, ne saurait empêcher que l'un de ses rejetons fréquente la rue, c'est-à-dire croise, et éventuellement interagisse avec des personnes d'autres milieux. Cependant, cette jeune personne saura que ce n'est pas là que l'on rencontre un partenaire possible, ni de cette manière.

Au bal de quartier du 14 juillet, ou au centre commercial régional où l'on peut passer son samedi après-midi, tout est en apparence ouvert, n'importe qui pourrait s'y trouver. Mais toutes les catégories de personnes ne s'y trouvent probablement pas.

Dans une bibliothèque universitaire, on peut rencontrer des gens que l'on ne connaît pas, mais un filtre existe : il faut détenir une carte d'étudiant, avoir certains types d'intérêts et de compétences. Il s'agit déjà d'un public sélectionné.

À la *garden-party* organisée chaque année par la comtesse du Souci de Bonnenaissance dans le parc de son château de Saint-Saturnin-les-Godelureaux, chaque invité est connu. La part du hasard dans la rencontre de l'âme sœur est insignifiante. Le risque d'hétérogamie, et donc de dispersion du patrimoine, est ici délibérément réduit.

C'est ainsi que de façon voulue, ou subie, « tout concourt à mettre en présence des individus proches les uns des autres, et qu'en conséquence leur choix ne pourra intervenir dans une large mesure que parmi des personnes de leur propre milieu[1] ».

Tous ces mécanismes de sélection et de reconnaissance d'un conjoint socialement désirable n'empêchent aucunement les prétendants à l'amour

---

1. GIRARD A., *op. cit.*

de considérer que leur rencontre est le fruit d'un pur hasard, de la prédestination, ou d'un sentiment spontané et mutuel, selon les cas.

À l'heure de la liberté absolue des choix individuels, il serait en effet pénible de s'avouer que ces choix sont amenés, proposés, suggérés en quelque sorte, par son groupe social d'appartenance. Par ailleurs, en considérant le hasard quelque peu miraculeux de la rencontre, on élude l'idée fâcheuse d'un choix délibéré du partenaire en fonction d'intérêts ou de stratégies personnelles[1].

Au mariage de raison, à l'alliance des familles qui, durant des siècles, ont déterminé les unions aux dépens des prédilections mutuelles des futurs époux, a succédé un contrat matrimonial fondé sur la spontanéité, l'attrait et la satisfaction mutuelle. La règle d'homogamie, d'alliance entre semblables, n'en a pas pour autant disparu. Mais le choix homogame, devenu indicible, n'en est que plus puissant : jamais énoncé, jamais discuté, il exerce une influence souterraine, et son pouvoir surpasse souvent celui des décisions individuelles, ballottées sur les flots de sentiments changeants et incertains.

Si l'amour, essentiellement au cours du XXe siècle, est devenu le socle des unions, il ne peut pas toujours s'opposer aux pesanteurs des appartenances sociales ; il ne doit pas non plus masquer les déterminants égoïstes des choix amoureux.

Nous pouvons aisément nous persuader que nous avons choisi telle ou telle personne par amour. Mais parfois, nous avions *besoin* de quelqu'un pour tenir la maison et faire la vaisselle, ou d'une personne dont nous pouvions dépenser l'argent sans trop compter…

---

1. KAUFMANN J.-C., *Sociologie du couple*.

Près des yeux, près du cœur

Si la *proximité sociale* entre individus est un facteur essentiel de rapprochement possible et d'affinité, la simple *proximité physique* est déjà un facteur décisif de sympathie envers autrui : « Lorsque nous choisissons l'endroit précis où nous vivrons ou travaillerons ou étudierons, nous faisons aussi un pas essentiel pour déterminer qui seront les personnes significatives dans nos vies. Nous savons que nous choisissons un endroit ; nous ne réalisons peut-être pas entièrement que nous choisissons aussi les gens que nous rencontrerons[1]. »

Ce que l'on a nommé *effet vicinitaire*[2] correspond au fait que la plupart des liens d'affinités concernent des personnes proches. Moins les facilités de rencontre sont évidentes, moins il y a de chances d'amorcer une relation. Tout se passe comme si la proximité physique permettait de limiter les « coûts » d'une relation. Les contacts « onéreux » ne sont établis, et surtout maintenus, que s'ils représentent un enjeu important. Dans les autres cas, on se lassera d'effectuer sans cesse des trajets en voiture pour rencontrer la personne aimée, de passer du temps dans les transports collectifs, ou d'avoir à prendre rendez-vous avec une personne toujours injoignable. Les personnes proches et accessibles seront plus souvent choisies.

Dans certains cas, la proximité sera valorisée pour elle-même : c'est le cas lorsque nous préférons fréquenter les gens habitant le même immeuble que nous, le même quartier, la même ville, ou la même région. Nous nous sentons solidaires de voisins plus ou moins proches, censés être du même milieu, du même « bord » que nous.

---

1. BREHM S. S. *et al.*, *Intimate Relationships*.
2. MAISONNEUVE J., *Psycho-sociologie des affinités*.

Pourquoi toi, pourquoi moi ?

Proximité et affinités entretiennent ainsi un rapport dialectique, « selon que nous aimons plutôt ceux qui nous sont proches ou que nous tendons sans cesse à nous rapprocher de ceux que nous aimons »[1].

La réalité de l'amour, c'est qu'il est difficile de maintenir un lien fort avec des personnes trop éloignées de nous, au sens propre comme au figuré. Et si « le vrai problème, pour les futurs conjoints, n'est pas tant de se choisir que de se trouver »[2], il devient plus aigu encore lorsqu'on ne trouve pas dans le « champ des éligibles[3] » proches une personne qui nous plaise suffisamment. Il faut alors prendre le risque de sortir de la familiarité rassurante des « gens comme nous ». Prendre le risque également de s'éloigner de l'un des aspects de la conception romantique de l'amour, lorsqu'on s'est rencontré sans se chercher : « Il était là, j'étais là… »

Tout semble reposer sur ce non-dit : nous devons trouver sans chercher, et en cherchant nous ne trouverons pas. Contacter une personne par e-mail après avoir consulté sa fiche signalétique sur un site de rencontres est certainement moins poétique qu'une rencontre « prédestinée » (mais tout le monde n'est pas poète)… C'est surtout l'aveu qu'il existe bien un *marché* matrimonial, sur lequel on peut faire son choix, après examen des « produits » proposés. Témoins de cela, certains sites permettent de prendre connaissance des « candidatures », et de les évaluer sur une échelle de 0 à 20 – la plupart des inscrits suscitant des notes comprises entre 6 et 8…

On parlait déjà de « se vendre » en matière de recherche d'emploi. Ici, ce sont des cœurs qui sont à vendre, et des espérances. L'homogamie n'a pas fonctionné, si l'on considère que le groupe social proche n'a su proposer aucune « candidature » valable. Nous devons alors explorer au-delà, en assumant la lourde responsabilité du choix et de ses conséquences.

---

1. Maisonneuve J., Lamy L., *Psycho-sociologie de l'amitié*.
2. Girard A., *op. cit.*
3. Maisonneuve J., *op. cit.*

Les bons comptes font les bons amants

Aimer, c'est bien connu, c'est tout donner à l'autre, c'est *se* donner à l'autre. Cette conception romantique de l'amour occulte tout ce qui lui est contraire : l'idée d'un intérêt qui nous lie au partenaire, l'idée que la relation doit nous être profitable, l'idée enfin que si nous misons sur quelqu'un, il doit y avoir un retour positif.

Des étudiants, sollicités afin de connaître leur opinion à propos des facteurs déclenchants de l'amour, évoquent en général des qualités telles que la gentillesse, le sens de l'humour, l'intelligence, la tendance à être attentionné envers l'autre, l'honnêteté, la sincérité, le charme. Un peu plus rarement, ils suggèrent des qualités d'ouverture d'esprit, d'indépendance, de force de caractère. La complicité et les points communs sont fréquemment mentionnés, ainsi que le physique. Mais il est exceptionnel de voir figurer (et dans ce cas, c'est au dernier rang dans l'ordre d'importance) le statut social ou la réussite matérielle. Quelques-uns, pourtant, font état de l'ambition du partenaire, ce qui probablement revêt une signification identique.

Tous ces éléments de définition sont centrés sur le partenaire et éludent, au fond, la question de savoir quel bénéfice nous pouvons retirer de la relation. Pourquoi ? Parce que cela ne se dit pas, parce que nous sommes censés aimer l'autre pour lui-même et non pour nous.

La comptabilité « mercantile » des gains et des pertes, dans les relations amoureuses, ressort de ce que l'on appelle les *théories de l'échange social,* et plus particulièrement, la *théorie de l'interdépendance*[1]. On postule ici que les individus aiment, et surtout maintiennent une relation amoureuse, dans la mesure où elle leur procure davantage qu'elle ne leur « coûte ».

---

1. KELLEY H. H., THIBAUT J. W., *Interpersonal Relations: a Theory of Interdependence.*

Chacun établirait inconsciemment le décompte de ce qu'il investit dans la relation (temps, affection, argent...), et le comparerait à ce qu'il en retire. Nous mettrions aussi en rapport notre situation actuelle avec ce que nous estimons être en droit d'attendre des autres, et avec les alternatives possibles (y compris le fait d'être seul).

L'écart entre les avantages procurés par une relation et ce que nous estimons pouvoir légitimement en attendre indique le *niveau de satisfaction* de l'individu. L'écart entre la relation présente et les alternatives envisageables donne la mesure de la *dépendance* à l'égard de la relation.

Imaginons le cas d'une femme vivant avec un homme lui procurant peu de gratifications : sa carrière et ses revenus sont médiocres, il est peu attentif à elle, d'un caractère indécis et immature... Elle peut néanmoins se déclarer satisfaite de sa relation, si elle sait qu'aucun prétendant plus valable ne s'est jamais manifesté, et que par ailleurs, elle-même s'investit modérément dans cette relation. Mais elle est dépendante, parce qu'elle n'entrevoit aucun partenaire de substitution.

Tout le jeu du choix amoureux repose en fait sur la notion d'*appariement* : les partenaires se choisissent parce qu'ils estiment que les ressources qu'ils apportent, pondérées des « soins » qu'ils réclament, sont d'un niveau comparable. On entre là dans un calcul complexe, où des valeurs, qui *a priori* n'ont aucun rapport direct les unes avec les autres, sont mises en balance. Par exemple, tel individu est beau, exerce une profession prestigieuse et possède un compte en banque bien garni, mais il est peu enclin aux sorties et aux échanges sociaux. Il pourrait troquer ses atouts et son handicap contre la présence à ses côtés d'une femme belle et aimante, mais dont il soupçonne les tendances dépressives. Ainsi, elle ne lui reprochera probablement pas de ne pas sortir souvent... Nous acceptons chez l'autre quelques défauts, parce que nous n'ignorons pas en posséder nous-mêmes, et parce que leur impact est compensé par les avantages escomptés de la relation.

Par ailleurs, chacune des caractéristiques personnelles revêt une valeur de *désirabilité sociale* : c'est le degré de prestige communément associé à un trait de caractère, une caractéristique physique, ou une appartenance sociale. Chaque « candidature », sur le « marché » matrimonial, se voit finalement affectée d'une « cote ». En valeur absolue, certains profils feront l'objet d'un consensus social, ce sont les conjoints idéaux : beaux, sympathiques, intelligents, riches... Malheureusement, ce conjoint idéal est présumé être lui-même à la recherche d'une personne idéale, et l'individu moyen devra viser une candidature de même niveau de désirabilité sociale que la sienne.

Ce type de problématique est particulièrement visible dans les annonces matrimoniales, ou encore dans les castings de films. Dans ce dernier cas, on observe bien que la plausibilité d'une romance repose sur la finesse de l'appariement, car le spectateur aura du mal à adhérer au scénario si l'on met en scène des personnages mal appariés. Les dissemblances doivent systématiquement être compensées. Par exemple, si le héros est bien plus pauvre que l'héroïne, il suffira de le doter d'une intelligence vive, d'une rapidité de décision, d'une forte ambition. Pauvre mais à fort potentiel, il devient un amoureux possible pour la belle héritière. Quant à cette dernière, riche et belle, il faut au moins qu'elle soit révoltée contre les privilèges, les abus et les préjugés de son milieu, pour redevenir une candidate « accessible » (cette fois la correction s'effectue vers le bas de l'échelle sociale).

Apparente vanité

L'amour naît souvent d'un regard, d'une impression, d'une apparence. Nous ne voyons pas l'être intérieur, les qualités réelles de l'autre, mais une attitude, un genre, un look, un physique. Nous nous entichons de ce qui se voit, faute de pouvoir discerner ce qui ne se voit pas.

Pourquoi toi, pourquoi moi ?

Si l'amour repose sur la beauté de l'autre, quand le charme faiblit, quand la beauté s'affadit, nous aimons moins, et un jour nous n'aimons plus. L'amour, au fond, est resté invariable ; il est resté fidèle à lui-même, mais son objet s'est évanoui. Nous aimions la beauté des formes et une étincelle dans le regard. L'un et l'autre étant ailleurs, nous aimons ailleurs.

François Villon décrit ainsi, dans la langue du Moyen Âge finissant[1], l'amertume de l'homme trompé par la beauté, et les regrets de la femme dépossédée de sa beauté :

> *Ces doulx regars et beaux semblans*
> *De tres decevante saveur*
> *Me transpersans jusques aux flans*
> *Faulse beaulté qui tant me couste cher,*
> *Rude en effet, ypocrite doulceur (...)*
> *Charme felon, la mort d'ung povre cuer (...)*
> *Tost allumées, tost estaintes*
> *Et jadis fusmes si mignottes ! (...)*
> *C'est d'umaine beaulté l'issue ! (...)*
> *Ha, viellesse felonne et fiere*[2]
> *Pour quoy m'as si tost abattue ?*

Si la beauté semble universellement recherchée, les personnes les plus menacées sont paradoxalement les plus belles, lorsqu'elles découvrent que leur beauté n'a pu être « négociée » à la hauteur de ce qu'elles estimaient pouvoir en retirer. De plus, l'amour de leur conjoint risque d'être revu à la baisse en même temps que leur beauté faiblit, si c'était le fonde-

---
1. Nous n'avons rectifié que quelques lettres afin de rendre ces vers plus immédiatement compréhensibles.
2. Cruelle.

ment unique de l'attrait. D'où l'axiome balzacien, empreint de cynisme : « Nous regardons comme un principe certain que, pour être le moins malheureux possible en ménage, une grande douceur d'âme unie chez une femme à une laideur supportable sont deux éléments infaillibles de succès[1]. »

Ce qui est beau est bon

La beauté est pourtant valorisée au plus haut point dans notre société, premièrement parce qu'elle est porteuse de valeurs. Des significations positives lui sont associées au sein d'un stéréotype global : « Ce qui est beau est bon. »[2] « Les beaux individus sont jugés plus chaleureux, plus aimables, plus sensibles, plus intéressants comme amis, plus équilibrés, plus sociables, et plus ouverts que les moins attrayants. On leur prédit une vie familiale et professionnelle plus réussie et davantage de bonheur[3]. »

La beauté physique est supposée être le reflet d'une beauté intérieure. Nous aurions tendance à procéder à une sorte d'appréciation morphopsychologique spontanée, à établir des correspondances entre des indices physiques et des traits de caractère. L'harmonie des traits du visage laisserait ainsi présager de l'harmonie du caractère.

Mais l'amour peut se changer en griefs si l'on découvre que le « contrat » n'a pas été rempli, si une personne que l'on aimait pour sa beauté se révèle être égoïste, prétentieuse, menteuse, ordinaire... Il n'est pas possible de cacher indéfiniment à ses proches ce que l'on est vraiment. Aussi de nombreuses histoires d'amour ont-elles pour durée le temps nécessaire pour deviner l'être intérieur. Nous ne pourrons aimer très longtemps un

---

1. BALZAC H. de, *Physiologie du mariage* (1829).
2. Pour une analyse détaillée, consulter MAISONNEUVE J., BRUCHON-SCHWEITZER M., *Le corps et la beauté*.
3. *Ibid.*

beau masque, une plastique impeccable dépourvue des qualités humaines, des qualités de cœur que nous espérions au départ.

La deuxième raison susceptible de rendre compte de la valorisation de la beauté tient à la signification cachée qu'elle recèle : le fait d'être un indice de fécondité. La jeunesse, la symétrie du visage et du corps, et le ratio taille/hanches chez les femmes (0,7 étant le ratio le plus attractif) constitueraient l'augure d'une bonne capacité reproductive.

Chez les hommes, le corps le plus attractif serait celui qui évoque la force et la dominance, l'indice déterminant étant cette fois le ratio taille/épaules[1]. Le corps « en V » est perçu comme plus désirable par des femmes pour le choix (fictif) d'un partenaire « d'une nuit ». Cependant, pour des relations à plus long terme, les femmes ne sont pas dupes : elles veulent autre chose qu'une apparence flatteuse.

La troisième explication de la prégnance de la beauté est liée à sa valeur sociale : comme nous l'avons vu, hommes et femmes forment des couples sur la base d'un niveau de désirabilité sociale équivalent. Dans cet échange, la beauté est l'un des éléments pris en considération. On a constaté que le degré de beauté de l'homme et de la femme dans des couples est perçu comme équivalent par des observateurs extérieurs, surtout dans le cas où ces couples sont mariés. La similitude des partenaires, ici aussi, semble être la règle fondant des relations durables. Cependant, force est de constater que la beauté féminine est davantage encore valorisée que la beauté masculine. Aussi un homme peut-il compenser un physique disgracieux par des qualités intellectuelles ou une réussite sociale manifeste. Car les femmes surestiment, par rapport aux hommes, la personnalité, le choix de carrière et l'intelligence d'un

---

1. BRAUN M.F., BRYAN A., "Female waist-to-hip and male waist-to-shoulder ratios as determinants of romantic partner desirability", *Journal of Social and Personal Relationships*.

partenaire potentiel. Par contraste, les hommes donnent la prépondérance à la beauté du visage, à la forme du corps et au poids…[1]

La beauté féminine surestimée

La disparité des exigences, selon que la beauté est celle d'un homme ou d'une femme, transparaît clairement d'une recherche[2] dans laquelle on demandait aux participants d'évaluer le nombre de beaux visages présents parmi un échantillon de quinze photos. Ces quinze visages de beauté variée, soit d'homme, soit de femme, étaient présentés durant un laps de temps trop bref pour qu'ils puissent être réellement examinés (quatre secondes).

On constate que le nombre de beaux visages est surestimé – par rapport au cas où les participants ont le temps d'examiner posément les photos –, et que les plus beaux visages sont les mieux mémorisés. Mais ce résultat ne s'observe que dans le cas où des photos de femmes sont présentées. Car à l'inverse, hommes et femmes ne projettent pas sur des visages d'hommes rapidement entrevus l'idée de la beauté.

De plus, la surestimation du nombre de photos de belles jeunes femmes est le fait, principalement, des femmes qui se disent actuellement engagées dans une relation amoureuse, et des hommes non engagés. Tout se passe comme si les premières, soucieuses de préserver leur couple, croyaient déceler une menace sous les traits exagérés de belles « concurrentes ». Elles accentuent par une perception erronée la dangerosité de ces rivales.

Quant aux hommes, les plus engagés tendent à fermer les yeux sur des « tentations » pénibles ; les autres, qui se sentent libres, adoptent une attitude de vigilance perceptive, comme s'ils étaient à l'affût de l'âme sœur.

---

1. *Op. cit.*
2. MANER J. K. *et al.*, "Sexually Selective Cognition: Beauty Captures the Mind of the Beholder", *Journal of Personality and Social Psychology*.

De tout cela, nous pouvons conclure que l'amour qui se fonde sur la beauté est vulnérable principalement pour deux raisons :
- les qualités présumées sont parfois absentes ;
- la beauté existe aussi dans le regard de celui qui l'observe. Amour et impression de beauté fluctuent au gré de notre connaissance de l'autre et de notre motivation à voir sa beauté. Une personne qui prend connaissance des vertus de quelqu'un tend à surestimer sa beauté, et il en est de même d'une personne qui a besoin d'aimer.

Aussi, face à une personne très belle, peut-être est-il préférable de se faire une idée de son être intérieur grâce à ses actes. Sinon, il est toujours possible de s'attacher à un beau visage comme on s'entoure de beaux meubles… mais ce n'est pas valorisant pour la personne élue. À jouer les beaux bibelots, elle risque d'être brisée par inadvertance, ou d'être remplacée par un autre « objet », entièrement neuf et innocent.

Des échanges rarement avoués

Dans ce jeu de l'appariement social, toutes les études convergent pour montrer que les valeurs les plus fréquemment échangées entre hommes et femmes sont la beauté de la femme « contre » la réussite sociale de l'homme. Ces deux dimensions apparaissent même comme des prérequis, comme une nécessité en regard de qualités du partenaire qui relèvent plus du « luxe »[1].

L'homme doté d'un faible « budget » – c'est-à-dire d'avantages personnels réduits, à échanger contre ce qu'il espère trouver chez une partenaire – sélectionne cependant une femme d'une beauté acceptable, selon

---

[1]. LI N. P. *et al.*, "The Necessities and Luxuries of Mate Preferences: Testing the Tradeoffs", *Journal of Personality and Social Psychology*.

lui. Une femme aux ressources limitées recherchera tout de même un partenaire présentant un niveau correct de statut social et d'assise financière.

Une fois ces prérequis assurés, hommes et femmes valorisent surtout l'intelligence et la gentillesse de leur partenaire, la gentillesse pouvant être interprétée comme le signe que l'autre va *effectivement* faire bénéficier son conjoint des richesses qu'il détient.

D'autres qualités n'ont pas d'impact systématique sur le choix du conjoint, comme le caractère romantique, la personnalité remarquable, le sens de l'humour, l'inventivité, l'éthique professionnelle, ou les talents extraprofessionnels. Tout cela ne saurait convaincre le « consommateur » de se « porter acquéreur », si un niveau minimal n'est pas assuré quant aux facteurs cruciaux.

Le mythe du mari qui arbore sa femme

C'est cette hypothèse d'une correspondance entre la beauté d'une femme et la réussite sociale de son mari qu'ont vérifiée Bar-Tal et Saxe[1]. Ils utilisent des diapositives représentant un homme ou une femme, jugés en moyenne très attirants physiquement par des observateurs extérieurs, ou au contraire très peu attirants. Deux de ces diapositives, présentées comme la photo d'un homme et d'une femme mariés, sont projetées simultanément aux participants de l'étude.

Il y a donc quatre possibilités, on montre :
- un bel homme marié avec une belle femme ;
- ou bien un bel homme marié avec une femme peu attirante ;

---

1. BAR-TAL D., SAXE L., "Perceptions of Similarly and Dissimilarly Attractive Couples and Individuals", *Journal of Personality and Social Psychology*.

- ou bien un homme peu attirant marié avec une belle femme ;
- ou bien, enfin, un homme et une femme aussi peu attirants l'un que l'autre.

Face à l'un de ces « couples », les participants doivent essayer de deviner, pour le mari comme pour la femme, quels sont leurs traits de caractère et leur statut socio-économique (niveau d'études, revenus, profession), et quel sera leur bonheur futur (bonheur conjugal, succès social et professionnel).

À un premier niveau d'analyse se manifeste le stéréotype classique de la beauté : les hommes et les femmes dotés d'un bon capital physique sont mieux évalués que les autres, sauf en ce qui concerne le bonheur conjugal.

Quant à l'homme séduisant apparaissant sur la diapositive, il est perçu comme moins instruit et moins intelligent que son congénère peu attirant.

Mais le résultat le plus saillant de cette étude tient à l'interaction entre les évaluations du mari et celles de la femme : l'homme peu attirant « marié » à une belle femme est celui qui recueille les évaluations les plus favorables concernant son statut, son salaire, et son succès professionnel. Sur ces mêmes critères, la belle épouse d'un homme également beau est la mieux évaluée, tandis que la femme sans beauté « mariée » à un bel homme suscite les jugements les plus réservés.

Tout se passe comme si le mari était en général évalué en fonction du degré de beauté de sa femme, alors que celle-ci est perçue en fonction de sa propre apparence physique.

L'hypothèse d'appariement est aussi confirmée par Juhem[1], dont la recherche (entretiens et observations en situation) indique que dans un échantillon de lycéens, les relations de *flirt* se nouent « tendanciellement entre partenaires dotés du même volume global de ressources », ces ressources étant éventuellement « compensables ». « Une conversation

---

1. JUHEM P., « Les relations amoureuses des lycéens », *Sociétés Contemporaines*.

brillante, un caractère très extraverti ou un charisme particulier peuvent être des appâts suffisants pour compenser un physique moyen. » Il note toutefois qu'à cet âge, et donc dans le cadre de relations assez brèves, la ressource principale est le « capital physique ».

Le sexe, une monnaie à forte cote

Dans cette perspective économique, utilitariste et plus ou moins inavouable des échanges amoureux, l'une des ressources qui ont pu être analysées sous l'angle des « lois du marché » est celle du sexe. On a ainsi pu soutenir[1] que les échanges sexuels obéissent à la loi de l'offre et de la demande, et que ces échanges, en théorie privés et négociés par deux individus en fonction de leurs désirs et valeurs personnelles, sont influencés par les lois du marché.

Plus une ressource est rare, plus sa valeur augmente. La valeur accordée traditionnellement à la virginité d'une femme, mais aussi à sa fidélité, à sa chasteté et à sa réputation est sans équivalent masculin. Cela indiquerait que le sexe est une « ressource » essentiellement féminine, échangée contre des valeurs masculines telles que la sécurité matérielle et financière, l'investissement dans la relation et l'engagement vis-à-vis de la partenaire. Si les faveurs sexuelles accordées par une femme sont rares, elles sont donc précieuses, et appellent en contrepartie des ressources valorisées (cadeaux, engagement au mariage...). De fait, on constate que les femmes sont moins pressées que les hommes d'avoir des relations sexuelles lorsqu'elles recherchent une relation durable. Elles prennent le temps de « négocier » au mieux la ressource qu'elles peuvent accorder, en s'assurant que l'homme est prêt à leur fournir un socle suffisamment solide de ressources matérielles et sociales. Inversement, elles s'estimeront trahies

---

1. BAUMEISTER R. F., VOHS K. D., "Sexual Economics: Sex as a Female Resource for Social Exchange in Heterosexual Interactions", *Personality and Social Psychology Review*.

si l'homme les abandonne après qu'elles lui ont prodigué généreusement leurs « largesses » ; il est certain qu'il y a là un contrat implicite.

Par ailleurs, la compétition fait rage, et tous les moyens seront bons pour « emporter un marché ». Ce que l'on appelle communément la jalousie n'est que l'expression de cette lutte, car la femme la plus jeune et la plus désirable fera jouer ses atouts au détriment des autres, qui s'y attendent et feront tout pour l'éloigner ou la discréditer. Un moyen simple et efficace consiste à ternir la réputation de ses rivales : une ressource devenue par trop commune est dévalorisée, pour le plus grand profit de rivales moins bien dotées physiquement, mais censées être plus exclusives dans leur choix.

Quant à la « révolution sexuelle » du dernier quart du XXe siècle, les femmes n'en sortiraient pas gagnantes, car si les moyens de contraception leur ont permis d'accorder leurs faveurs avec moins de risques, le « prix moyen » du sexe a diminué. La ressource dont elles disposent et qu'elles négocient a perdu de sa valeur, à mesure que les échanges sexuels étaient perçus avec une importance et des conséquences de moins en moins grandes.

Au final, la vision de l'échange social peut être interprétée comme le fait d'imposer une conception généralisée de l'économie, dans laquelle tout s'achète, se vend, se négocie : les sentiments, l'amour, la passion. Tout fait l'objet d'un calcul, personne n'est jamais désintéressé.

Or, si tout atteste qu'effectivement les choix amoureux intègrent l'idée d'un profit et d'avantages procurés par la relation, il serait fâcheux d'oublier que ces intérêts personnels peuvent être de natures très diverses, voire opposées. Il y a un monde entre l'intérêt d'un homme à ce que sa compagne soit heureuse afin qu'il bénéficie de sa présence, et l'intérêt de celui qui veut ajouter une femme à sa liste de conquêtes, l'humilier et la rejeter pour pouvoir tout raconter ensuite à ses amis. De même, un gouffre existe entre une femme qui se réjouit d'épouser un homme à l'avenir prometteur, avec qui elle espère couler des jours heureux dans la sécurité, et celle qui a dès le début l'intention de ne rien concéder, de porter au paroxysme ses prérogatives, et de laisser son mari sur le sable dès qu'il se révoltera quelque peu.

Le seul amour désintéressé est celui qui n'exigerait pas même la présence de l'être aimé. Mais le fait que nous espérons toujours un geste, un regard, ou un sourire en retour à notre affection n'autorise pas à penser :

- que l'amour n'est qu'un calcul vulgaire ;
- que dans le cadre de l'ultralibéralisme et de la « marchandisation » des échanges, les êtres sont finalement tous plus ou moins interchangeables ;
- que si un partenaire « usagé » ne nous procure plus des satisfactions suffisantes, nous n'avons qu'à nous en débarrasser pour un autre plus gratifiant.

Et vous ?

Aimer, sans doute, c'est donner de nous-mêmes *d'abord*, et penser que l'élu de notre cœur, tôt ou tard, s'en rendra compte, l'appréciera et, probablement, nous aimera en retour.
C'est là que le hasard n'a pas sa place :

- à aimer constamment, il est impossible que personne ne s'en rende compte... ni que l'amour ne nous revienne pas ;
- à n'aimer personne que nous-mêmes, il est également impossible que l'amour des autres envers nous ne se lasse pas.

Le vrai amour est certes un calcul, mais ce calcul n'est ni sordide, ni immédiat. C'est un calcul à long terme, pour le bien des deux partenaires et non d'un seul.

Pourquoi toi, pourquoi moi ?

Sébastien, ou comment se confesser en toute intimité devant sept millions de téléspectateurs

Le présentateur de l'émission de téléréalité présenta Sébastien, célèbre journaliste qui affichait une élégante désinvolture, avant d'entrer dans le vif du sujet du jour :

« Sébastien, pour vous, y a-t-il un secret qui expliquerait l'attirance mutuelle ? Pourquoi un homme et une femme se choisissent-ils ?

– Je rencontre beaucoup de nouveaux visages, répondit Sébastien. Je sais toujours si une femme m'aime, et depuis quand elle m'aime. Pour prendre une image, c'est comme si un seul visage était en pleine lumière, tandis que tous les autres étaient dans l'ombre.

« Son regard n'a pas croisé le mien une seule fois. Je ne me soucie pas de la rencontrer. Je sais pourtant qu'elle sera sur mon chemin, un peu plus tôt ou un peu plus tard. Si elle me plaît et que nous commençons à échanger nos pensées, je finis toujours par vérifier que le moment où elle a commencé à m'aimer coïncide avec l'époque où mon attention a été attirée vers elle.

« Une femme qui m'aime a une façon de *ne pas* me regarder qui lance un appel, comme un cri inarticulé. Et en même temps, elle semble briller d'une lumière particulière. Au milieu d'un groupe, je ne vois qu'elle ; les autres sont comme des figurantes que j'aperçois à peine.

« À ce moment-là, je sais qu'elle "organisera" notre rencontre. Les circonstances, ce qui ressemble au hasard ou à la chance, ne seront que l'expression de sa décision. C'est son amour qui l'amène à se rapprocher de moi, dans l'attente que moi aussi je vienne vers elle. Elle vient me chercher pour que je lui fasse la cour. Mais il y a un interdit qu'elle ne franchira jamais, c'est une règle implicite (sauf pour celles qui ont compris qu'aucun homme doté de toute sa raison ne viendrait jamais vers elles de sa propre initiative) : c'est à l'homme de faire *les premiers pas*. Cependant s'il n'est pas pressé de se rapprocher, elle aura la délicatesse de ne lui laisser faire que le *dernier* pas, celui qui correspond à la rencontre effective.

L'AMOUR NE DOIT RIEN AU HASARD

« En fait, reprit Sébastien, je fonctionne exactement selon le modèle stéréotypé féminin : je laisse les "candidates" venir à moi, se bousculer parfois, *proposer*, et je *dispose* : je réponds à mon gré, je choisis celle qui convient le mieux.

« Il y a des hommes qui veulent séduire à tout prix, se prouver leur virilité en emportant coûte que coûte des cœurs qui n'étaient pas gagnés d'avance. Moi je vais au plus facile : j'attends de sentir ce flux[1] de l'amour d'une femme, et je lui réponds si j'en ai envie. »

N. B. C'est après avoir proféré ces déclarations scandaleuses, que Sébastien dut être évacué du plateau de télévision sous les huées des spectatrices dont il avait heurté la sensibilité. Il n'a pas reparu publiquement depuis lors.

---

1. On pourrait faire l'hypothèse que ce flux, cette attirance, cette « attraction universelle », voit son intensité varier d'une manière analogue à l'attraction universelle entre des corps physiques, régie par la loi de Newton, $F = g(m_1 m_2)/d^2$. La force de l'amour est proportionnelle au produit de la « masse » de l'homme et de la femme, c'est-à-dire à l'importance de leur désirabilité sociale. Plus ils sont riches, prestigieux ou beaux, plus ils attirent. Mais ce produit est divisé par le carré de la distance qui les sépare : distance physique ou distance sociale. Dès que quelques indices de distance sont perçus, l'attraction décroît très rapidement. La constante g correspond au fait *qu'en général* les hommes sont attirés par les femmes et inversement.

Chapitre 6

Choisit-on vraiment son partenaire ?

Hasard, destinée, impulsion, sélection : le choix d'un partenaire oscille entre la place réservée aux circonstances de la vie – sur lesquelles nous avons peu de prise –, et celle des choix personnels qui conditionnent nos attirances.

Le hasard des rencontres imprévues se heurte aux choix autorisés par nos prédilections. Mais nous dévions bien souvent de ces choix conscients. Tel individu ne tolère que les blondes de plus d'1 m 75, mais il est marié quelques années plus tard à une petite brune dont la largeur avoisine la hauteur... Telle autre veut de l'aventure et de la fantaisie, mais finalement, un appartement dans le XVIe arrondissement et la sécurité matérielle, c'est tout de même important... On dit que *l'occasion fait le larron* ; en amour, comment prévoir l'existence de personnes que nous n'avons pas encore croisées ? Une fois rencontrées, peut-être nous éprendrons-nous d'elles ? Nos souhaits antérieurs seront alors aussitôt oubliés. Nous nous mentons souvent à nous-mêmes sur nos souhaits réels, et surtout, nous ne nous connaissons pas.

Il est possible que nous n'ayons pas intérêt à ce que nos véritables motifs de choix soient rendus conscients...

Concevoir la rencontre comme le fruit du hasard ou du destin présente un avantage majeur : nous ne sommes responsables de rien. Être responsable de son choix, c'est aussi être responsable de ses conséquences. Or la vie des couples n'est pas faite que d'instants merveilleux : il faut aussi assumer les conflits, l'usure de la passion, les « petites misères de la vie conjugale[1] ». Les femmes, en particulier, peuvent maintenir leur statut d'innocentes, lorsqu'elles laissent œuvrer les stéréotypes sociaux qui enjoignent l'homme de faire les premiers pas, de courtiser l'objet de leur flamme, et d'assurer les déclarations d'amour.

Dire que la rencontre est due à des « circonstances fortuites » n'explique pas grand-chose, car au cours d'une vie, nous sommes appelés à rencontrer des milliers de personnes, et pourtant nous n'offrons qu'à une seule, ou quelques-unes, une place privilégiée dans notre vie. C'est probablement que nous *attendions* quelqu'un, et que nous saisissons l'occasion longtemps espérée lorsque les circonstances sont favorables.

Et vous ?

Pour accroître ses chances de trouver l'« oiseau rare », il semblerait *a priori* logique de multiplier les rencontres. Pourtant le nombre n'y peut rien, et nous pouvons jauger avec sévérité quinze

---

1. Titre d'un ouvrage de Balzac paru en 1845.

partenaires comme deux cents. Ceux qui ne restent pas seuls sont sans doute ceux qui sont à même d'accepter un partenaire aussi parfait... qu'eux-mêmes.

Une autre manière de nous dédouaner de notre responsabilité réside en nous-mêmes. Nous avons cédé à une impulsion irrésistible : instinct, pulsion, désir ou attraction. C'est bien connu, les sens affolés subjuguent la raison, et font fondre les réserves et la prudence. Nous ne sommes alors plus maîtres de nous-mêmes. On ne saura jamais combien de mariages, jadis, ont été décidés précipitamment, après que la « faute » fatidique a été commise. À y regarder de plus près, pourtant, il semble bien que la faiblesse de l'un puisse faire partie de la stratégie de l'autre. Les bénéfices secondaires des « instants d'égarement » sont parfois si importants qu'ils pourraient bien avoir été quelque peu (pré)médités.

L'hypothèse d'une sélection plus ou moins délibérée du partenaire n'est pas la plus séduisante : l'amour exclut en théorie le calcul, il est censé être spontané. Nous admettons des préférences pour un physique, ou des traits de caractère. Nous considérons la recherche du bonheur comme légitime. D'autres motivations peuvent néanmoins s'abriter derrière ces revendications de surface. Elles guident nos choix, consciemment ou à notre insu. En voici quelques exemples.

Rentrer dans le rang

La segmentation des lieux de sociabilité favorise, comme nous l'avons vu, la rencontre entre personnes proches quant à leur profil socio-économique ou à leur style de vie. Mais il est un impératif encore plus puissant que la pression à choisir quelqu'un qui nous ressemble : c'est l'injonction à choisir quelqu'un, à vivre avec quelqu'un, à ne pas rester sans partenaire amoureux.

Être en couple ou devenir invisible

J.-C. Kaufmann[1] illustre bien ce phénomène (pour son versant féminin), qu'il nomme *le doigt accusateur* : c'est le sentiment qu'ont les individus vivant seuls – et particulièrement les femmes, jugées à l'aune de leur sociabilité – de transgresser une norme sociale ; c'est cette gêne éprouvée à l'égard des parents, des amis et même des passants. Tous sont alors supposés épier le déviant et s'interroger sur le sens à donner à sa solitude. Fantasme certainement, quand il s'agit d'inconnus croisés dans la rue ; réalité sans doute, lorsqu'une mère s'inquiète auprès de sa fille de l'échéance qui la verra devenir grand-mère.

La femme seule ressentira comme une souffrance les lieux ou les activités dans lesquelles son statut de *femme-qui-n'a-pu-séduire-personne* (ou qui n'a pu *retenir* personne) est le plus éclatant : au milieu des couples avec enfants se promenant le dimanche, au restaurant, ou lors des réunions de famille durant lesquelles tous attendent qu'on leur présente « quelqu'un »...

Les femmes vivant « en solo » profiteront de l'anonymat des grandes villes, et feront leurs courses plutôt en hypermarché, là où personne ne les connaît ni ne les juge. Elles s'inventeront au besoin un mystérieux compagnon, dont l'existence hypothétique desserrera un instant l'étau des pressions gênées de la famille ou des amis.

Les années passant, les amis, les amies, et la fille de la voisine s'étant mariés, « le temps n'est plus à l'évaluation des critères du choix, à faire la fine bouche sur les prétendants, le problème est plus grave et urgent : il faut à tout prix trouver "quelqu'un", quel que soit ce quelqu'un[2] ». C'est

---

1. KAUFMANN J.-C., *La femme seule et le prince charmant. Enquête sur la vie en solo*.
2. KAUFMANN J.-C., *op. cit.*

ainsi que s'éloigne l'image de « l'homme parfait », et que l'on passe d'une problématique de choix sélectif du conjoint à une soumission à la norme sociale.

« Il y a des gens qui n'auraient jamais été amoureux s'ils n'avaient jamais entendu parler de l'amour », écrit La Rochefoucauld dans ses *Maximes* en 1665. C'est dire que l'amour est peut-être moins un sentiment personnel qu'une construction sociale. On peut vivre en couple simplement pour être comme tout le monde.

Chacun intériorise la norme majoritaire qui enjoint de vivre à deux et d'avoir des enfants. On peut résister à cette norme, on peut même la contester. Mais sa transgression sera pourtant toujours ressentie, particulièrement, du reste, par ceux qui incarnent le mieux l'image du partenaire idéal : la *fille-très-jolie* et l'*homme-sympathique-avec-une-belle-situation*. Car envers eux, la réprobation sociale est plus grande, à la hauteur du « gâchis » constaté. Qu'une femme à la beauté « controversée » ou qu'un homme « définitivement incompétent » ne trouve personne, passe encore ; mais pour les mieux dotés, c'est vraiment faire preuve d'une mauvaise volonté coupable…

La révolution normalisée, ou le terrorisme du sexe

La société s'insinue ainsi dans ce qui semble être le plus personnel, le plus privé, le plus spontané : l'attrait amoureux. Elle s'infiltre même dans la sphère intime de la sexualité. On passe alors de la sexualité « libérée » des années soixante et soixante-dix, à la normalisation des conduites. La sexualité, loin d'illustrer une révolution des mœurs, un affranchissement des « tabous », ou une libération de l'individu, n'est plus alors que conformité à l'ordre social. Les enquêtes consacrées aux pratiques sexuelles, les films, les débats télévisés, tout concourt à placer la sexualité sous le contrôle d'une sorte « d'opinion publique sexuelle[1] ». Chaque individu est forcé de se comparer aux « performances » de ses contemporains. Souvent, il découvrira, honteux et dépité, qu'il fait l'amour moins fréquemment que la moyenne des gens, que certaines pratiques sexuelles lui restent peu familières, ou que s'il prenait du Viagra®, il pourrait devenir « multi-orgasmique » (c'est la moindre des preuves d'amour envers une partenaire attentionnée).

C'est ainsi que s'impose « la logique d'une productivité et d'une comptabilité orgasmique », « l'injonction à une disponibilité et une efficacité sexuelle permanente[2] ».

La révolution sexuelle s'est muée en contrainte normative, la jouissance devient un dû, la performance une obligation. La notion de sentiment ou de choix personnel s'efface presque totalement lorsqu'il est question de pratiques sexuelles entre quasi-étrangers, au sein d'une population étudiante[3]. Ces relations-éclair (le partenaire est généralement évité par la suite) s'inscrivent nettement dans un désir d'acceptation par le groupe de pairs. Un étudiant qui se sent isolé espère, au travers de ces expériences prônées par son groupe, être reconnu et apprécié. Le contrôle social s'effectue par le biais des récits, chacun relatant ce qu'il a fait avec son partenaire d'une nuit. Ici n'existe plus aucune notion de sélection du partenaire : (presque) tout le monde peut convenir à ce scénario prescrit par le groupe, et l'amour est également absent. Il ne reste que l'impulsion d'un moment à l'issue incertaine, humiliation ou plaisir offert ou consenti au groupe.

---

1. GUIONNET C., NEVEU E., *Féminins/Masculins - Sociologie du genre*.
2. GUIONNET C., NEVEU E., *op. cit.*
3. PAUL E. L., HAYES K. A., "The Casualties of "Casual Sex": a Qualitative Exploration of the Phenomenology of College Students' Hookups", *Journal of Social and Personal Relationships*.

CHOISIT-ON VRAIMENT SON PARTENAIRE ?

Dans l'absolu, si deux personnes sont « faites l'une pour l'autre », leur amour devrait être fondé sur la *reconnaissance* de l'autre : un type de personne, un style, un caractère. Nous reconnaîtrions la « bonne personne » et l'amour coulerait de source. Il s'imposerait comme une évidence, dès lors que nous posséderions suffisamment d'éléments pour juger de ce qu'est l'autre.

Mais les choses ne se passent pas toujours ainsi. Nous aimons un homme, une femme, nous fondons des espoirs sur cette personne. Cependant, lorsqu'elle nous fait faux bond, nous nous découvrons passionnément épris de quelqu'un que nous connaissions depuis longtemps, mais à qui nous n'avions guère prêté attention. Nous tentons alors, à nos propres yeux comme auprès de cette nouvelle conquête, d'oublier que nous aimions ailleurs et que nous n'avons pas toujours aimé ce partenaire plus « compréhensif » envers nous. C'est le principe des amours « roue de secours » : il s'agit juste de ne pas rester seul.

Parfois nous aimons, puis nous n'aimons plus, puis nous aimons à nouveau. Or les caractères n'ont pas changé, pas plus que les qualités et les défauts de l'autre, ou son style de vie. L'autre n'est perçu qu'en fonction d'un contexte relationnel, et par effet de contraste : si un homme s'éprend d'une femme pour sa beauté, et qu'il fréquente ensuite une femme d'une *très grande* beauté, la première risque de pâlir, et l'amour de faiblir. C'est de l'amour *par comparaison*. En l'absence d'une alternative d'un niveau supérieur, selon nos critères, nous aimons la personne qui s'approche le plus de nos idéaux.

Il existe aussi un effet de l'expérience : on ne se conduit pas de la même façon à vingt ans ou à quarante. Ce n'est pas tant la personne que nous rencontrons qui déclenche notre réaction, que l'impact de cette personne sur notre état intérieur à ce moment. Notre propension à aimer ou à séduire varie au gré de nos réussites ou de nos échecs, de notre état de santé, de notre humeur.

L'AMOUR NE DOIT RIEN AU HASARD

Adrien ou de la difficulté à savoir si l'on aime vraiment

Adrien est étudiant, il prépare un DESS de « Gestion des unités multimodales et des fluides invariants ». Lors de la soirée étudiante annuelle, il a eu un véritable coup de foudre pour une camarade de deuxième année, Aurélie. Elle s'est laissée séduire. Il est vrai qu'il a de la prestance, de l'assurance, de la repartie. Ils ont ri ensemble toute la nuit. Deux jours après, lorsqu'ils se sont rencontrés à la fac, Aurélie est venue vers lui tout sourire. Il n'a pas compris pourquoi… de toute manière, à jeun et sans musique, il ne se souvenait plus de grand-chose. Ce sont ses amis qui lui ont rappelé qu'au cours de cette soirée la camarade vers qui se portent ses désirs l'avait clairement tenu à distance, et qu'il s'était alors rabattu sur Aurélie.

Finalement, se dit Adrien, *Aurélie n'est pas mal*. Il continue à la rencontrer, ils sortent ensemble. Ils s'entendent bien mais, lorsque passe une femme qu'il estime plus belle, plus « classe » qu'Aurélie, c'est-à-dire mieux en rapport, lui semble-t-il, avec ce qu'il est lui-même, il ne voit plus que « l'autre ». Il a dans ce cas l'impression de comprendre la différence qui existe entre « aimer bien » et « aimer ». Il aime bien Aurélie, mais il en aime beaucoup d'autres mieux qu'elle. Pour être exact, *il croit pouvoir les aimer*, puisque ce ne sont que des inconnues aperçues de façon fugace. Il ne les connaît pas. Peut-être, s'il les connaissait, les trouverait-il odieuses ou insipides ? Donc il ne les aime pas. Mais s'il ne les aime pas, pourquoi est-il si attiré ou si troublé par elles ?

L'amour est fait de comparaisons, et donc de variations. Pourtant, Adrien se remémore le sonnet CXVI de Shakespeare : « Amour n'est pas amour s'il varie en voyant varier l'autre flamme […] Heures brèves et mois en leur cours ne le bougent : jusqu'au bord du trépas il demeure inchangé[1]. »

L'amour d'Aurélie semble constant, mais non le sien. Si son amour était constant, il aurait la certitude que, quelle que soit la personne qu'il pourrait rencontrer, son sentiment ne serait pas altéré. Or Adrien, dans de multiples circonstances, a vu fléchir drastiquement la flamme de son amour.

---

1. SHAKESPEARE, *Œuvres complètes*.

Choisit-on vraiment son partenaire ?

Pour autant, il serait absurde d'être cruel envers Aurélie. De plus, il pourrait bien être à nouveau éconduit par des femmes trop belles. La prudence, alliée à la bonté, commande donc de rester au moins pour le moment avec Aurélie. Cela n'empêche pas d'espérer un *vrai* coup de foudre « libérateur ». Quand la femme de sa vie surgira telle une révélation, Aurélie comprendra. Du reste, elle ferait la même chose. Qui plus est, dans un véritable coup de foudre, nous ne sommes plus responsables de nos actes puisque c'est la destinée qui en a décidé ainsi.

Adrien ne veut pas non plus oublier que même le mythique Roméo de Shakespeare ne tombe pas amoureux de Juliette dès le début de la pièce. Avant de la rencontrer, il est désespéré que la belle Rosaline se refuse à lui. Plus sage que Roméo, son ami Benvolio l'engage à comparer sa belle à d'autres : « Tu l'as vue belle, nulle autre n'étant près d'elle » ; « d'un œil non prévenu compare son visage à certains que je te montrerai : tu verras que ton cygne n'est rien qu'un corbeau. » Et Roméo, après l'illumination de sa rencontre avec Juliette, constate effectivement : « Mon cœur jusqu'à présent a-t-il aimé ? Jurez que non, mes yeux, car jamais avant cette nuit je n'avais vu la vraie beauté[1]. »

Adrien considère que si Roméo a eu droit à l'erreur, s'il a pu se méprendre quant à la portée de son premier amour, lui aussi doit pouvoir procéder par essais et erreurs. Il est vrai qu'avant de vivre un coup de foudre signant le commencement d'un amour absolu et inaltérable, Roméo n'avait pas eu de relations sexuelles avec Rosaline. Mais cela n'engage à rien, se dit Adrien, il faut bien faire connaissance pour savoir si l'on s'est trompé. Si Shakespeare avait écrit cette histoire au XXe siècle, Roméo aurait été pacsé avec Rosaline, et Juliette aurait peut-être été une prostituée de Vérone. C'est cela l'amour, on essaie le maximum de partenaires possibles, et un jour on tombe sur le grand amour. Aimer, c'est pouvoir comparer.

Adrien est partisan de la recherche des contrastes, des comparaisons entre diverses partenaires. Et, technicien des amours relatives, il entend bien rencontrer l'amour absolu.

---

1. *Ibid.*

Évanescence du coup de foudre

Aimer isole parfois : les amoureux vivent dans un monde à part, suspendu hors du temps. Ils ont un sentiment d'éternité, alors que les heures passées ensemble semblent n'être que des secondes, et que les attentes paraissent interminables lorsqu'ils sont séparés. Ils se suffisent à eux-mêmes, sans souci des règles sociales et sans égard pour les autres.

Mais cet état dure rarement : il faut faire des compromis, redevenir réaliste, penser à l'avenir...

Comment transgresser les règles

« L'amour n'obéit pas à l'ordre social : dès qu'il apparaît, il ignore ces barrières, s'y brise ou les transgresse[1]. »

De même, Alberoni[2] considère que l'amour à l'état naissant, l'*énamoration*, « ébranle les institutions ». Le coup de foudre transgresse la règle d'endogamie de parenté ou de classe ; il s'oppose à la morosité de la vie quotidienne, arrache le sujet à l'usure de ses attachements anciens, rompt les contraintes jusque-là subies et acceptées, pour former une sorte de « mouvement révolutionnaire à deux ».

Cependant, l'institution s'oppose toujours à cet « acte de libération », car elle exige de l'individu que son comportement demeure conforme aux usages admis, indépendamment du vécu morne, déprimant ou vide de sens qu'ils impliquent pour lui. Si elle ne peut détruire l'état naissant de cet amour, l'institution l'enfermera dans des formes connues : fiançailles, mariage, adultère, concubinage, Pacs.

---

1. MORIN E., « Le complexe d'amour », In MOULIN M., ERALY A., *Sociologie de l'amour*.
2. ALBERONI F., *Le choc amoureux. L'amour à l'état naissant*.

Le coup de foudre et l'amour lent

Dans l'enquête menée par Marie-Noëlle Schurmans et Loraine Dominicé[1], 131 personnes âgées de seize à quatre-vingt-six ans (moyenne : 37,7 ans) ont été interrogées au sujet du coup de foudre (dont 91 lors d'entretiens approfondis). La moyenne d'âge au moment du coup de foudre est de 24,7 ans ; la durée écoulée depuis l'événement est de 12,8 ans en moyenne.

Les auteurs opposent deux sortes d'amour : le coup de foudre et l'« amour lent ». L'amour lent est conforme aux intérêts du corps social, tandis que le coup de foudre est en rupture avec les règles sociales :

- À l'intervention divine, au destin, s'opposent les affinités et la médiation sociale.
- À la folie, à l'irrationalité, à la perte de contrôle propres au coup de foudre, s'oppose un amour tempéré.
- À l'excès, s'opposent l'ordre et la mesure.
- À la fulgurance du coup de foudre, s'oppose la lenteur de relations qui s'établissent pas à pas.
- Au caractère éphémère du coup de foudre, s'opposent les relations de couple durables.
- À la gémellité ou à l'*étrangéité*, s'oppose l'« étranger familier ».

Quant à ce dernier point, on touche à la nature fondamentale des règles d'appariement social : il s'agit normalement de former un couple ni de façon exogamique (avec quelqu'un qui n'est pas de notre milieu), ni de façon purement endogamique (le cas extrême étant alors le mariage consanguin), ni avec un étranger, ni avec un « jumeau », mais avec une personne se situant en zone médiane. L'« étranger familier » est une sorte de voisin, ni trop semblable, ni trop familier. Or dans le cas du coup de foudre, nous choisissons justement quelqu'un qui n'est pas un « étranger familier »...

Dans l'« acte transgressif » du coup de foudre, l'homme et la femme se sont découverts par eux-mêmes et se sont reconnus, ou bien le destin les

---

1. SCHURMANS M.-N., DOMINICÉ L., *Le coup de foudre amoureux*.

a réunis. En tout cas, aucun intermédiaire n'est assignable : ils n'ont pas été présentés l'un à l'autre par un collègue de travail, ils n'ont pas fréquenté la même école, leurs parents ne se connaissaient pas... En ce sens, ils ne doivent rien au groupe. D'ailleurs, ils se suffisent à eux-mêmes, leur amour les remplit et les comble. Ils s'isolent du groupe.

Cette relation profondément subversive ne peut être tolérée par le corps social. La « présence absente » du couple frappé par la foudre affaiblit la cohésion du groupe. L'« amour en face-à-face », la « désinscription totale des règles sociales[1] » les amène à vivre une destinée de rupture ou de normalisation progressive.

À refuser l'« autrui familier » désigné par le groupe, celui qui fait partie du même réseau, les amoureux frappés par la foudre s'interdiraient l'accès à l'amour humain, imparfait mais qui s'inscrit dans le temps et permet l'insertion sociale. Ils sont acculés à l'isolement ou à la dissolution de leur passion. Cette dernière issue se précise inéluctablement lorsque se consume la force d'une passion qui les oppose au groupe. « Si un homme et une femme sont touchés d'amour fou, il faudra que cet amour se défasse. »[2]

Le coup de foudre apparaît finalement comme un anti-modèle des exigences sociales, l'image de la négation des règles et de l'exclusion. Il nargue les normes implicites du choix du conjoint, les principes cachés, les règles « devenues invisibles et informulées puisque c'est apparemment l'amour qui nous guide »[3].

L'amour, le sentiment, la passion étant aujourd'hui parfaitement admis en matière de choix du conjoint, la norme d'homogamie, qui reste toujours à l'œuvre, se tapit dans l'ombre du mythe de l'amour fou…

Le mythe du coup de foudre semble en définitive exprimer l'idéologie dominante, c'est-à-dire le caractère irréductiblement individuel et privé

---

1. *Ibid.*
2. *Ibid.*
3. *Ibid.*

de l'attrait amoureux, mais ce n'est que pour mieux masquer les régulations sociales qui l'infiltrent et l'enserrent. Ainsi, on constate que « le coup de foudre a partie liée avec la soumission aux lois du hasard et du grand nombre : il frappe plus volontiers les lieux publics, c'est-à-dire les lieux où l'on a plus qu'ailleurs, "l'embarras du choix". Dans ce lien entre la foule et la foudre, s'exprime le double sentiment que le choix se fait *sans qu'on ait à le faire*, et *sans qu'un tiers vienne vous l'imposer*[1] ». Mais cette illusion de non-ingérence n'empêche pas l'amour de survenir plus souvent entre des gens d'origines et de milieux semblables.

Comment se déresponsabiliser

L'une des constantes dans la représentation du coup de foudre[2] tient en effet à cette sorte de déresponsabilisation face à un sentiment irrépressible, irrésistible, irréfléchi, incontrôlable ; c'est une « force contre laquelle on ne peut lutter ». Le coup de foudre s'imposant à notre volonté, nous n'avons pas à assumer les dégâts qu'il pourrait occasionner, ni son évanouissement, aussi subit que sa naissance.

Il est défini le plus souvent comme une pulsion, une passion, une attirance purement physique. En être la victime malgré soi permet alors de sauvegarder une image de soi positive : mieux vaut vivre la révélation d'un amour « comme tombé du ciel » que d'avoir à assumer une concupiscence bassement sexuelle.

Le désespoir de l'amour

Cependant, une autre interprétation s'offre à nous : le coup de foudre, loin d'être une soumission au destin, pourrait au contraire signifier que

---
1. BOZON M., HÉRAN F., « La découverte du conjoint – I. Évolution et morphologie des scènes de rencontre », *Population*.
2. 105 étudiants ont été interrogés à ce sujet.

l'on cherche à forcer le destin. 21 % des personnes ayant relaté un coup de foudre sont mariées – en moyenne presque treize ans après – avec la personne rencontrée par coup de foudre[1] (le pourcentage est de 35 % si l'on ne se cantonne pas à une poursuite de la relation dans le seul cadre du mariage). 13 % des conjoints (mariés ou cohabitants) déclarent avoir ressenti « un véritable coup de foudre » lors de leur première rencontre[2]. Ces chiffres indiquent, ou bien que le coup de foudre a été reconstitué après coup, de manière à se construire une histoire romantique ; ou bien que de nombreux coups de foudre se transforment en relations durables.

Dans ce dernier cas, le coup de foudre apparaîtrait comme une injonction à :

- tenter l'impossible pour conquérir un cœur qui n'est pas gagné d'avance ;
- revoir une personne que normalement nous ne serions pas appelés à revoir ;
- ou encore faire fi des barrières de classes, des origines sociales, ethniques ou culturelles qui rendent l'amour impossible *a priori*.

Il serait la perception inconsciente de la possibilité de cet amour, et nous donnerait l'impulsion nécessaire pour surmonter les barrières, sans nous laisser arrêter par la logique cartésienne ni par l'opinion de quiconque – même pas, parfois, de l'intéressé.

Le coup de foudre, c'est le désespoir de l'amour, le sursaut de l'amour pour vivre malgré tout. C'est l'amour qui risque de ne jamais voir le jour, et tente un effort héroïque pour exister. Ceux qui aiment une personne de leur milieu, qui semble faite pour eux, qu'ils rencontrent facilement et régulièrement, ont moins besoin du coup de foudre que ceux qui pourraient ne plus jamais se rencontrer, ou que tout oppose.

---

1. SCHURMANS M.-N., DOMINICÉ L., *op. cit.*
2. BOZON M., HÉRAN F., *op. cit.*

Choisit-on vraiment son partenaire ?

Un amour fugace ?

Quoi qu'il en soit, les amours les plus violentes sont rarement les plus longues. Tout se passe finalement comme si, pour reprendre la métaphore quelque peu triviale de la « consommation » du mariage, l'amour vite consommé était vite épuisé, cependant que l'amour « économisé » restait longtemps disponible. Témoin de ce phénomène, ce couple qui, pour ne pas laisser un amour intense s'affadir, convient de faire alterner, durant plusieurs années, quelques jours de vie commune et quelques semaines de séparation[1], puis de se séparer définitivement afin de maintenir l'intégrité et le souvenir de cet amour parfait. Cette solution de compromis engendre après coup, du reste, un sentiment d'ineffable tristesse.

Ce cas rare fait contraste avec tous ceux dans lesquels l'amour est consommé sans retenue, et où la séparation se fait sans regret. L'amour passionnel est fugace, et le coup de foudre prête à confusion, car il porte parfois en lui-même, en sus de l'attirance physique, une dimension plus spirituelle, une connaissance intuitive de l'être profond du partenaire. On trouve un témoignage de cette reconnaissance subite dans le récit célèbre que donne Montaigne de sa rencontre avec son ami Étienne de La Boétie : « Nous nous cherchions avant que de nous être vus [...] Et à notre première rencontre, qui fut par hasard en une grande fête [...], nous nous trouvâmes si pris, si connus, si liés entre nous, que rien dès lors ne nous fut si proche que l'un à l'autre[2] ». Tout cela survenant « je croy par quelque ordonnance du ciel », on retrouve la concomitance de la foule et de la foudre évoquée plus haut. Hasard et providence, attente de « quelqu'un » et reconnaissance immédiate dès la première rencontre sont les ingrédients de ce coup de foudre amical. Montaigne donne lui-

---

1. Cas cité par LEMAIRE J.-G., *Le Couple : sa vie, sa mort. La Structuration du couple humain*, observation n° 19.
2. MONTAIGNE, *Les Essais*.

même l'explication de la fulgurance de cette relation : « Ayant si peu à durer, et ayant si tard commencé, [...], elle n'avait point à perdre de temps, et à se régler au patron des amitiés molles et régulières, auxquelles il faut tant de précautions de longue et préalable conversation ».

Le coup de foudre accélère le temps. Souvent inadapté au monde, il compense la précarité des conditions de sa survie par l'intensité des instants. Il peut donner le sentiment de l'éternité pendant quelques minutes ; il peut laisser sa trace pendant toute une vie.

Le coup de foudre est généralement taxé d'éphémère. Il est perçu comme le caprice d'un instant, la tyrannie de l'instinct. On oppose l'attirance dès le premier regard au véritable amour qui, lui, se construit « petit à petit », posément, doucement. Le coup de foudre inquiète : il empiète sur notre liberté individuelle, nous oblige à faire ce que nous n'avons pas décidé de faire. Il nous permet de faire l'économie d'un choix conscient du conjoint, mais au prix d'une perte d'autonomie. C'est pourquoi son statut est finalement ambigu, à la fois valorisé en tant qu'expérience d'un amour presque surnaturel, et redouté par tous ceux qui s'en prémunissent par avance, en clamant que « cela ne leur arrivera pas ».

Accéder à l'immortalité

Tous les individus n'ont pas de descendance, leurs gènes ne seront donc transmis à personne. Selon Darwin[1], à l'inverse, les individus les mieux adaptés à leur environnement transmettront à leur progéniture les caractéristiques qui ont assuré leur survie et leur succès reproductif (c'est la sélection *naturelle*).

---

1. DARWIN C., *L'origine des espèces* ; DARWIN C., *La filiation de l'homme et la sélection liée au sexe*.

CHOISIT-ON VRAIMENT SON PARTENAIRE ?

L'autre mécanisme, illustré par les travaux de Darwin, la sélection *sexuelle*, réfère aux avantages que certains représentants d'une espèce possèdent sur leurs congénères en termes de reproduction. Certains mâles parviennent à éliminer leurs rivaux et à monopoliser les femelles, certains mâles sont choisis préférentiellement par les femelles pour s'accoupler.

Ces deux mécanismes, sélection *naturelle* et sélection *sexuelle*, semblent parfois jouer en direction opposée. C'est le cas par exemple d'espèces animales dont le mâle déploie des couleurs très vives. Cette caractéristique, *a priori* défavorable à la survie de l'espèce (l'animal est plus facilement aperçu par ses prédateurs), a pourtant perduré. Ce phénomène, contraire au principe de la sélection naturelle, pourrait s'expliquer par la sélection sexuelle : les femelles préfèrent s'accoupler avec des mâles dotés de couleurs éclatantes. Cependant, ce choix préférentiel des femelles se fonderait en réalité sur « la santé physique, les compétences comportementales ou la supériorité génétique des mâles[1] ». En effet, la beauté des couleurs du mâle serait un indicateur fiable de sa santé et notamment de sa résistance aux parasites – et par voie de conséquence, des chances de survie de ses rejetons.

De la même façon, le choix des hirondelles rustiques femelles se porte préférentiellement sur les mâles dont les queues sont les plus longues et les plus symétriques, alors même que la longueur des plumes est un frein dans la recherche de nourriture. Mais ici encore, ce qui semble être un obstacle à la survie de l'espèce est en réalité un signe attestant de la bonne santé de l'animal.

La théorie évolutionniste a suscité ces dernières années un regain d'intérêt. Elle rendrait compte tout aussi bien des différences entre hommes

---

[1]. GEARY D., *Hommes, femmes. L'évolution des différences sexuelles humaines.*

et femmes, que nous avons évoquées aux chapitres 2 et 3, que des stratégies spécifiques des uns et des autres dans la recherche d'un partenaire amoureux.

L'idée générale est que le but de l'espèce humaine, comme celui des autres espèces, est d'assurer sa survie, et donc son succès reproductif. Au niveau individuel, le choix d'un mauvais partenaire peut impliquer l'absence de descendance. À l'inverse, les choix et stratégies amoureuses ayant induit une descendance viable seront sélectionnés et tendront à se reproduire. C'est pourquoi les tenants de l'évolutionnisme, même s'ils admettent les variations individuelles, insistent surtout sur les aspects génétiques, hérités et transmis, favorables non seulement à un individu, mais à l'espèce en général.

On découvre alors dans les choix amoureux des motivations bien moins personnelles qu'il n'y paraît.

Des compétences adaptées à la survie de l'espèce

Au niveau des différences hommes/femmes, on se souvient que les femmes, comparées aux hommes, manifestent davantage d'empathie, de sensibilité à autrui, de vulnérabilité lorsque des proches sont en difficulté, et qu'elles ont en outre de meilleures performances verbales. Ceci s'expliquerait par le fait que « la motivation fondamentale, mais implicite, de beaucoup de femmes, est de créer une communauté socialement stable pour élever leurs enfants[1] ». Une meilleure aptitude à communiquer serait ainsi le gage d'une meilleure compréhension et d'un meilleur contrôle du partenaire masculin. Deviner ses intentions, éveiller son intérêt, susciter son engagement, discréditer les concurrentes... tout cela requiert de bonnes aptitudes relationnelles.

---

1. *Ibid.*

Choisit-on vraiment son partenaire ?

Quant aux hommes, leur plus grande taille, leur puissance musculaire plus importante, leur meilleure capacité d'orientation spatiale, leur tendance à être plus souvent impliqués dans des activités à risque et/ou compétitives trahiraient la nécessité « d'atteindre et de maintenir une dominance sociale sur les autres[1] ». Car pour s'arroger les partenaires les plus désirables (susceptibles de mettre au monde des enfants et de leur donner les soins adéquats), les hommes ont dû, au cours de l'évolution, s'imposer sur leurs congénères.

Les femmes, de leur côté, ont accepté d'engendrer les enfants de ceux qui démontraient des capacités physiques et mentales supérieures, car c'est là le gage des qualités génétiques du père, et donc de l'héritage génétique qu'il transmet à ses descendants, qui auront ainsi plus de chances de survivre. De plus, choisir un homme dominant permet de profiter des ressources dont il dispose, ressources qui faciliteront la survie des enfants.

Tout se passe comme si, au cours de l'évolution, les hommes avaient progressivement développé leur tendance à dominer les autres au prix de luttes, de bagarres, de guerres et de compétitions. La tendance à instaurer des relations de hiérarchie en est un aspect, de même que la nécessité de bien se repérer dans l'espace (cruciale lors d'incursions belliqueuses en territoire ennemi).

L'héritage de Mme Cro-Magnon

La notion de *stratégie sexuelle*[2] découle des mêmes principes : les stratégies de reproduction gagnantes se sont perpétuées au fil des générations.

---

1. *Ibid.*
2. Buss D., *Les stratégies de l'amour.*

L'AMOUR NE DOIT RIEN AU HASARD

Et bien que généralement inconscientes, ce sont elles qui guident nos préférences et nos conduites : « Personne ne choisit son partenaire au hasard, personne n'attire des partenaires sans discernement[1]. »

Pour partir d'un exemple simple, la stratégie féminine typique est celle de la recherche d'un « bon chasseur ». Cela a dû être le cas, autrefois, de Mme Cro-Magnon : si elle s'était éprise du plus mauvais chasseur et guerrier de la tribu, elle n'aurait pas eu de descendants, car son conjoint n'aurait pas réussi à chasser suffisamment de gibier pour nourrir convenablement ses proches. Marginalisés au sein de la tribu, ils auraient été les premiers à mourir en période de disette ou de froid intense. De même, en cas de conflit avec une autre tribu, un piètre guerrier n'aurait pu empêcher que l'on s'en prenne aux siens.

Il semble qu'aujourd'hui, et même dans des sociétés où il y a peu de risques de mourir de faim – ou d'un coup de gourdin sur la tête –, tout se passe de la même façon. Les femmes préfèrent les hommes dominants et désireux de s'engager vis-à-vis d'elles et de leurs enfants à venir. La recherche de maris dotés d'un métier prestigieux et lucratif n'est que la version moderne d'une stratégie élaborée au cours de centaines de milliers d'années d'évolution.

Il en est de même pour les préférences masculines, qui se portent le plus souvent vers des femmes jeunes et jolies. Ces deux critères sont en fait liés à la valeur reproductive potentielle d'une femme. On sait que la fécondité d'une femme culmine vers l'âge de vingt-cinq ans, et décline ensuite pour être proche de zéro à quarante-cinq ans. Par ailleurs, l'estimation de la beauté d'une femme par des hommes, nous l'avons vu, dépend de caractéristiques liées à sa fécondité. On comprend donc que les préférences masculines se portent vers des femmes qui leur garantissent une probabilité élevée d'avoir des descendants.

---

1. *Ibid.*

CHOISIT-ON VRAIMENT SON PARTENAIRE ?

L'Amour revisité par Darwin

La théorie darwinienne permet d'expliquer bien d'autres facettes de l'amour[1]. Ainsi la jalousie résulterait, chez la femme, de la peur de voir le conjoint désinvestir ses ressources d'elle-même et de ses enfants, au risque de grever l'avenir de ceux-ci. Chez l'homme, elle témoignerait de la crainte d'être amené à élever des enfants qui ne sont pas les siens, et donc de faire perdurer des gènes qui ne lui appartiennent pas.

La tendance traditionnelle des hommes à multiplier les aventures amoureuses correspond au fait qu'ils peuvent ainsi facilement propager leurs gènes – à moindre coût pour eux puisqu'ils n'ont pas à assurer une gestation de neuf mois. Pour des raisons inverses, les femmes préfèrent s'assurer de la « qualité génétique » d'un homme, avant d'avoir à assumer cette gestation et les soins ultérieurs à l'enfant, qui le plus souvent leur incomberont. Elles seront pour cette raison plus circonspectes en début de relation, et demanderont des « garanties » en termes d'engagement dans la relation. Un cas particulier est celui de la femme adultère, ayant pour stratégie de trouver un amant « génétiquement supérieur », c'est-à-dire donnant de nombreux signes de dominance sociale, mais aussi de santé et de force physique. Cet amant de passage, s'il possède un niveau de désirabilité sociale très supérieur à celui de la femme (métier prestigieux, statut social élevé…), risque de ne pas vouloir s'engager durablement auprès d'elle. Ses gènes assureront néanmoins le succès de l'enfant ainsi conçu, et donc la survie de ceux de la mère. Dans le même temps, le mari trompé assure la sécurité matérielle de cet enfant.

---

1. Voir BUSS D., *op. cit.* pour un exposé détaillé des stratégies sexuelles.

Une stratégie féminine consiste à se faire passer pour un pauvre petit être désemparé, soumis à l'homme, et de plus, n'exigeant rien d'important de lui. Comme peu d'hommes sont capables de résister à une opportunité aussi alléchante, la femme n'aura plus qu'à faire monter graduellement le niveau d'engagement et/ou de dépendance de son partenaire.

Enfin, une autre tactique consiste pour une femme à mettre en valeur son capital physique, par le maquillage ou la chirurgie esthétique, de façon à donner des signes de jeunesse et de fécondité artificiels et mensongers.

Le point commun de toutes ces stratégies masculines et féminines est que le but véritable échappe aux intéressés, parce qu'il déborde le cadre de leur intérêt personnel. On cherche à se faire plaisir, à assurer sa sécurité, à éviter la solitude, à satisfaire sa vanité en s'affichant au bras d'une créature superbe… et l'on se retrouve parent de trois enfants. Pour certains bien sûr, c'est le but affiché du couple, mais d'autres entretiennent quelques réticences face à cette situation. Ni les uns ni les autres n'ont conscience d'entrer dans l'éternité en faisant perdurer leurs gènes, ni d'employer des techniques de séduction rodées depuis des milliers de générations.

Quand les lois de l'amour surpassent celles de l'évolution

Quelques points apparaissent cependant, qui doivent nous faire réfléchir sur la portée réelle de l'approche évolutionniste :

- Pourquoi les individus qui ne se soucient pas de transmettre leurs gènes ne sont-ils pas, à long terme, éliminés du fait de la sélection naturelle ? Puisqu'ils ne transmettent leurs gènes à aucun descendant, leurs caractéristiques (le fait de ne pas se soucier d'avoir des enfants) auraient dû depuis longtemps disparaître[1]. L'exemple le plus simple est l'accroissement du nombre de personnes ayant choisi de vivre seules, y compris celles en âge de procréer.

- Les tenants de l'approche évolutionniste ont parfois tendance à construire leur argumentation en un va-et-vient entre des observations éthologiques et l'étude des comportements humains. Par exemple, les oiseaux « à berceau » mâles font visiter leur nid aux femelles, qui testent leurs qualités de symétrie et de solidité avant d'accepter l'accouplement. Les femmes n'agissent-elles pas de même, en s'assurant de la solidité du « nid » familial (niveau de revenus et compétences du mari) avant d'accepter de donner leurs faveurs ? Le problème est qu'avec les millions d'espèces animales répertoriées, on peut trouver tous les exemples ou contre-exemples à l'appui de son argumentation. Ce n'est pas, par exemple, parce que la mante religieuse est réputée dévorer son « amant », qu'il faut projeter sur les femmes une intention aussi funeste. Nous ne parlerons pas non plus des mouches-scorpions femelles qui refusent de s'accoupler si le mâle ne leur apporte pas un cadeau (un insecte à dévorer)…

Le véritable problème est que certaines caractéristiques, qui soi-disant auraient dû s'évanouir avec le temps du fait de la sélection naturelle et/ou de la sélection sexuelle, résistent parfois fort bien : si les femmes, semblables en cela aux éléphants de mer de Californie, préfèrent s'accoupler aux mâles dominants, pourquoi ceux-ci n'ont-ils pas à la longue imposé l'ensemble de leurs gènes ? Il y a toujours des éléphants de mer plus petits, plus fragiles, plus craintifs que les autres, et des hommes incapables de se débrouiller seuls, timides ou faibles. Alors on pourrait penser

---

1. GOUILLOU P., (*Pourquoi les femmes des riches sont belles*) évoque l'hypothèse, proposée par certains chercheurs, d'une origine parasitaire (non élucidée) susceptible d'expliquer l'homosexualité, ou encore la dépression – deux cas dans lesquels la sélection naturelle semble battue en brèche.

qu'il y a autre chose dans la vie qu'une lutte féroce et égoïste, pour maintenir sa dominance et s'arroger des privilèges au détriment des autres. L'amour est justement ce qui contrarie cette vision darwinienne de la loi du plus fort, la loi de la jungle. « Là où l'amour règne, il n'y a pas de volonté de puissance et là où domine la puissance, manque l'amour[1]. »

Peu de personnes, sans doute, ont le désir *conscient* de s'assurer l'immortalité en transmettant les caractères qui leur étaient propres à leurs descendants ; il s'agit plutôt de la nostalgie latente d'une jeunesse éternelle, et de ce que Saint-Exupéry nommait « le regret secret de vieillir ». Platon[2] considérait que la nature mortelle « cherche à perpétuer son existence et à être immortelle ». Parmi les hommes, « ceux qui ont la fécondité du corps se tournent de préférence vers les femmes : leur façon d'aimer, c'est de chercher en faisant des enfants à s'assurer personnellement – à ce qu'ils croient – l'immortalité, le souvenir d'eux-mêmes, et le bonheur *pour tout le temps de l'avenir* ». Chez d'autres, la fécondité est dans l'âme, ce sont les poètes, les philosophes : c'est en enfantant par la pensée des œuvres éternelles qu'ils s'assurent l'immortalité. Quant aux ambitieux, leurs efforts parfois pathétiques pour atteindre la célébrité ne résultent que du désir d'acquérir cette gloire qui les rendra, croient-ils, eux aussi immortels.

---

1. JUNG C. G., *L'âme et la vie*. Dans un autre passage, Jung écrit : « Je serais même fortement porté à supposer que ce ne sont pas les impulsions égoïstes mais précisément les instincts altruistes qui sont primaires : amour et confiance de l'enfant à l'égard de la mère qui le nourrit, le soigne, le protège et le caresse ; amour de l'homme pour la femme, compris comme une complémentation par une personnalité étrangère ; amour et soins pour la progéniture ; amour pour la tribu. » (*La guérison psychologique.*)
2. PLATON, *Le banquet*.

Chapitre 7

Errements et contrefaçons de l'amour

L'amour prête à confusion. Amoureux, nous sommes éblouis, nous idéalisons l'autre et nous n'en voyons que moins la réalité. Nous devenons souvent *dépendants* de l'amour qu'on veut bien nous prodiguer. Il est alors facile pour certains de tirer parti de cet état de confusion et de faiblesse, et de poursuivre des objectifs personnels en prétendant aimer.

La question a été posée directement à une centaine d'étudiants âgés de dix-huit à vingt ans : « Peut-on observer lors de relations amoureuses des phénomènes s'apparentant à de la manipulation ? » Les réponses sont édifiantes : presque tous, malgré leur jeune âge, ont quelque chose à raconter, bien peu considèrent qu'en amour il ne peut y avoir manipulation. Beaucoup minimisent la portée de ces manœuvres, arguant du fait qu'elles ne sont « pas vraiment conscientes », ou même qu'elles sont « naturelles ».

Petites manipulations amoureuses

Les techniques du manipulateur patenté

Nombre de faits relatés dans le cadre de cette étude évoquent des techniques de manipulation répertoriées par la psychologie sociale[1] :
- La notion d'*engagement* correspond au fait qu'une fois engagé dans une relation, et même si l'engagement paraît infime (quelques mots échangés, un rendez-vous…), il est déjà difficile d'empêcher la progression de la relation. De nombreuses relations amoureuses se caractérisent par un comportement séduisant au début, puis progressivement de plus en plus odieux, à mesure que la relation est établie, que l'autre s'est engagé. Le manipulateur bénéficie du fait que sa victime, une fois « accrochée », aura du mal à admettre son erreur et à faire machine arrière, même si la relation est devenue douloureuse (c'est l'*escalade d'engagement*).

- On parle d'*amorçage* lorsque quelqu'un s'est engagé, puis est informé que son engagement lui procurera moins d'avantages qu'il ne l'avait escompté. Il doit alors prendre la décision de confirmer, ou non, sa décision. On pourrait dire que presque toutes les relations amoureuses fonctionnent sur le principe de l'amorçage car, ainsi que le remarque un étudiant, au début de la relation « nous ne nous montrons pas tels que nous sommes ».

Nous découvrons parfois chez l'autre des aspects de lui-même qui, s'ils ne remettent pas en cause notre amour envers lui, nous auraient peut-être amenés à réfléchir avant de nous engager si nous en avions eu connaissance dès le début. Il est alors difficile de nous rétracter si nous avons déjà déclaré notre amour… Nous nous apercevons par exemple que l'autre a une santé fragile et pourrait avoir besoin de soins cons-

---

1. Voir à ce sujet : JOULE R.-V., BEAUVOIS J.-L., *Petit traité de manipulation à l'usage des honnêtes gens*, et GUÉGUEN N., *Psychologie de la manipulation et de la soumission*.

tants dans l'avenir ; nous comprenons qu'il a des dettes ; nous découvrons qu'il a mauvais caractère. En vérité, nous ignorons presque tout de notre futur conjoint lorsque nous commençons à nous engager, et il serait moralement délicat de le « laisser tomber » ensuite pour des raisons de commodité personnelle. Le manipulateur a donc tout intérêt à taire la vérité le plus longtemps possible.

- Le *pied-dans-la-porte* s'observe dans toutes les situations où l'on amène le partenaire à s'engager sur de petites choses, qui ne sont que le prélude à des demandes beaucoup plus « implicantes ». Nous échangeons quelques mots, nous demandons à l'autre de nous rendre un petit service, nous lui demandons de sortir avec nous, nous lui demandons de coucher avec nous... Si ce dernier point est l'objectif, la probabilité d'arriver à ses fins est bien plus élevée en posant des jalons intermédiaires, l'autre ayant alors plus de difficultés à refuser.

- La manipulation peut être exercée *du fait même de l'affinité*[1] : le simple fait d'être aimé peut suffire à imposer à l'autre ses choix, ses décisions ou ses caprices. Nous nous soumettons par amour, pour faire plaisir à l'autre, et pour être aimés en retour. « Une personne qui aime se laisse plus facilement persuader par la personne qu'elle aime », note une étudiante.

- La *norme de réciprocité* implique que nous nous sentions redevables envers celui qui nous a donné quelque chose (même si nous ne lui avions rien demandé). C'est pourquoi le manipulateur ne sera pas avare de son temps, de sa présence, de ses compliments, de ses petits cadeaux insignifiants, car il escompte bien être « payé » en retour – par exemple par le fait que la femme qu'il courtise lui cède : elle aurait mauvaise conscience à tant recevoir sans rien donner en échange...

---

1. NOWAK A., VALLACHER R. R., MILLER M. E., "Social Influence and Group Dynamics". In MILLON T., LERNER M. J., *Handbook of Psychology, vol. 5, Personality and Social Psychology.*

- La *flatterie* est une tactique si connue et éculée qu'on pourrait la croire infructueuse, mais elle semble au contraire inusable. L'un des étudiants interrogés relate une technique bien rodée par lui et ses amis : il aborde en boîte de nuit une jeune fille à qui il dit : « Au premier regard, j'ai vu que tu étais la plus belle. » « Et ça marchait ! » conclut-il fièrement.
- La *culpabilité* ou la *honte* ressentie peut être due à une manipulation. Un étudiant écrit qu'il y a manipulation « lorsque nous forçons l'autre à se sentir coupable de quelque chose qui est arrivé par notre faute ». Un autre parle de « s'énerver pour rien contre l'autre ». En parallèle de la norme de réciprocité vue plus haut, la personne qui se sent coupable essaye de se racheter, de réparer ses torts en faisant le bien... ou en ne se plaignant pas du sort qui lui est assigné. Une méthode fréquente consiste à écarteler la personne « aimée » entre ses sentiments et sa raison : « donner de l'affection pour faire accepter une chose incorrecte », « inciter son conjoint à faire un acte qu'il désapprouve en lui disant que c'est une preuve d'amour. »
- Le *toucher*, le *regard*, le *sourire* sont des moyens simples et efficaces pour arriver à ses fins : « faire les yeux doux », « faire des câlins à son partenaire, user de ses charmes »[1]. La méthode de manipulation consistant à « jouer sur les sentiments » fonctionne d'ailleurs en négatif aussi bien qu'en positif. Aussi un étudiant déplore-t-il : « Dans une relation, une personne est toujours malheureuse pour forcer l'autre à s'intéresser à elle, à s'occuper d'elle. C'est énervant. » Dans le même registre, une étudiante écrit : « Lorsqu'un garçon a longtemps courtisé une fille, celle-ci va éprouver du plaisir à le faire languir, en adoptant des attitudes qui le font douter (un jour, elle est conquise ; un autre, elle est assez distante). »

---

1. Dans sa théorie (misogyne) du mariage (*Physiologie du mariage*), Balzac suggère : « Ne jamais croire ce qu'une femme dit [...] Toujours chercher l'esprit de ses actions sans vous arrêter à la lettre » ; « Deviner l'intention secrète qui meut une femme ; craindre ses caresses et y chercher plutôt des pensées que des plaisirs ».

Nombre de manipulations en amour sont rendues possibles par le caractère *unilatéral* ou *inégal* du sentiment. L'un des deux partenaires fait semblant d'aimer, tandis que l'autre aime vraiment, ou l'un des deux aime davantage que son partenaire. Le plus amoureux des deux est toujours perçu comme le dominé et, potentiellement, la victime.

De la difficulté de refuser

Ce qui rend ici la situation délicate, c'est qu'il est souvent difficile de rejeter un amour quand nous n'avons pas la preuve qu'il est factice et masque des calculs. Si l'un des partenaires commence à soupçonner que son amour ne suscite pas en retour un sentiment sincère, il aura du mal à se retirer de la relation. Cette difficulté est due au degré d'engagement déjà atteint, mais aussi à la lecture sociale des relations amoureuses, dans laquelle celui qui aime a le beau rôle, tandis que celui qui rejette l'amour d'autrui est un monstre, plus particulièrement d'ailleurs quand un homme rejette l'amour d'une femme. Une femme peut se refuser, se montrer sélective ; un homme essuiera très vite la réprobation sociale. Dans le magma des idées toutes faites, si une femme enfreint la norme qui l'enjoint de laisser l'homme faire les premiers pas et déclarer son amour, c'est qu'elle y est contrainte : l'homme ne voit rien, ne comprend rien, et son amour à elle est si fort qu'elle ne peut y renoncer. L'homme qui refuse un tel amour est donc, à l'évidence, coupable.

Propositions indécentes

Une expérience a été menée sur un campus d'université[1] : une étudiante ou un étudiant demandait à des étudiants de l'autre sexe de sortir avec lui, de venir à son appartement, ou bien de coucher avec lui.

---

1. CLARK R. D., HATFIELD E., "Gender Differences in Receptivity to Sexual Offers", *Journal of Psychology and Human Sexuality*.

La première proposition (sortir avec la personne) est acceptée par environ 50 % des étudiants des deux sexes. La deuxième (venir à son appartement) et la troisième proposition (coucher avec la personne) sont totalement rejetées par les étudiantes, mais acceptées par environ 70 % des étudiants (alors même que l'invitation directe ou déguisée à une relation sexuelle émanait d'une étudiante au physique « moyen »).

Mais le plus frappant, peut-être, est que les étudiants qui refusent cette proposition malhonnête se sentent obligés d'inventer un prétexte pour se dérober : « Je suis marié », « Je suis très amoureux de mon amie », etc. Les étudiantes, au contraire, manifestent des signes d'exaspération. Tout se passe donc comme si l'homme qui refuse l'amour d'une femme sentait qu'il transgresse une norme sociale.

Rejeter l'amour d'une personne peut poser un problème de conscience, parce que nous refusons ainsi la meilleure part d'elle-même, sa bienveillance à notre égard. Entre celui qui tente d'imposer son amour et celui qui n'en veut pas, ou n'en veut plus, le rôle le plus facile à vivre n'est pas forcément celui qu'on croit[1]. Celui qui refuse l'amour « n'a pas de cœur », il est égoïste. « Pour qui se prend-il ? » sera la ressource typique utilisée pour expliquer ce refus. L'alternative qui se présente à lui est bien misérable puisqu'il a le choix entre accepter la présence de quelqu'un qui lui procure peu de satisfaction, et affronter une certaine réprobation sociale. Surtout, comme nous venons de le voir, dans le cas où un homme refuse l'amour d'une femme.

Celui qui aime, au contraire, a tout à gagner si sa stratégie de séduction fonctionne. Et en cas d'échec, il conservera une image positive de lui-même : plein d'amour mais incompris.

---

1. BRATSLAVSKY E., BAUMEISTER R. F., SOMMER K. L., "To Love or Be Loved in Vain: the Trials and Tribulations of Unrequited Love", In SPITZBERG B. H., CUPACH W. R., *The Dark Side of Close Relationships*.

La manipulation est parfois jugée incompatible avec les relations amoureuses, mais le plus souvent, elle est admise comme un à-côté de ces relations, d'autant plus acceptable qu'elle est presque naturelle et inconsciente. Sa portée est alors diminuée : il s'agit seulement d'obtenir par des moyens détournés ce qu'une certaine délicatesse interdit d'exiger directement.

Il est vrai que les buts secrets d'une manipulation ne sont pas toujours négatifs. Ainsi, dans le cas où l'on induit délibérément la jalousie du partenaire, les intentions peuvent être de deux ordres[1] :

- *se venger* et punir le conjoint en lui faisant croire qu'il y a quelqu'un d'autre ;
- ou *renforcer la relation*, en suscitant un intérêt accru aux yeux de l'autre ; accroître l'estime de soi en se sentant à nouveau désiré ; augmenter le niveau de gratifications offert par la relation en amenant le partenaire à prendre soin de soi.

Aucun de nos étudiants n'évoque la question de savoir si les manipulations sont parfois repérées. Comme d'autres, ils estiment sans doute qu'ils sont plus habiles à tromper leur partenaire, que celui-ci n'est habile à les tromper[2].

L'amour est une chose merveilleuse, qui peut expliquer – et mieux encore justifier – les actes les plus insensés et parfois les plus criminels. Fait également remarquable, nous n'avons pas besoin de donner des raisons à l'amour naissant, tandis que nous devons justifier nos réticences, même

---

1. FLEISCHMANN A. A. *et al.*, "Tickling the Monster: Jealousy Induction in Relationships", *Journal of Social and Personal Relationships*.
2. BOON S. D., MCLEOD B. A., "Deception in Romantic Relationships: Subjective Estimate of Success at Deceiving and Attitudes toward Deception", *Journal of Social and Personal Relationships*.

face à un amour douteux. Or, s'il est difficile d'avouer son amour, il est certainement encore plus pénible de dire clairement que l'on n'aime pas... D'où des incompréhensions sans fin entre celui qui est certain d'avoir été très clair dans son refus, et l'autre qui est affirmatif quant aux signes d'encouragement qu'il aurait reçus.

Et vous ?

On peut entrer facilement en amour, mais il est difficile d'en sortir. Nous investissons tout ce que nous possédons et tout ce que nous sommes ; il y a donc gros à gagner pour les manipulateurs. L'un des moyens qui permettent de distinguer la « fausse monnaie » des amours sincères consiste à mettre bout à bout toutes les demandes, toutes les pressions (déclarées ou subtiles), et à se demander : « Si je vais entièrement dans ce sens, où cela m'amènera-t-il ? » Vous comprendrez alors que certaines personnes vous veulent du bien, tandis que d'autres vous mènent tout doucement à la ruine.

Sabrina, ou comment renouer avec le plaisir d'être seul

Sabrina est employée de mairie dans un petit village de l'Yonne. Entre les autres membres du personnel de la mairie, monsieur le Maire et les habitants de cette petite localité, Sabrina n'aperçoit guère pour elle de parti intéressant. Un jour, pourtant, en faisant ses courses à l'hypermarché le plus proche, elle rencontre Romain, qui la fait rire et engage la conversation. Il est sympathique et plutôt beau garçon ; elle ne se fait pas trop prier pour accepter de le revoir. Cela lui donne la joie d'avoir quelqu'un qui vient l'attendre en fin de journée, devant la mairie, pour le plus grand émoi de ses collègues de bureau.

Romain roule en Golf® parce que sa Porsche® « est en réparation ». Il propose à Sabrina de lui faire visiter la maison de famille dont il héritera un jour, une ferme fortifiée sur cent douze hectares de parcs, prés, et terres cultivées, « dès que les travaux seront finis », pour qu'elle ne découvre pas un chantier. En attendant, il ne veut plus quitter Sabrina et s'installe chez elle.

Il n'a pas tardé à lui faire comprendre qu'elle ne devait plus voir ses parents ni ses amis. Il a de nombreuses raisons de ne pas les apprécier, et trouve que la seule chose qui compte, c'est eux deux. « Il n'y a que nous, personne ne se mettra entre nous », aime-t-il à répéter. Il est doux pour Sabrina d'inspirer une passion aussi violente…

Elle a prêté de l'argent à Romain, deux ou trois fois. Lui s'indigne de l'incurie de sa banque, incapable de changer dans des délais plus brefs sa carte bleue défectueuse, ce qui l'empêche de retirer du liquide dans un distributeur. « De toute façon, dit-il avec un air mystérieux, je suis sur une grosse affaire. » On ne peut qu'éprouver du respect pour ces gens qui gravitent dans le monde de la haute finance.

L'argent n'est rien quand on s'aime, aussi Sabrina persiste-t-elle sans sourciller à ouvrir les cordons de sa bourse lorsque le père de Romain attrape « un méningocoque ulcéreux foudroyant », dont le traitement, particulièrement onéreux, dépasse de beaucoup les revenus de son indigente retraite.

Petit à petit, les modestes économies de Sabrina s'évanouissent. Elle discerne bien les petits mensonges de Romain, mais elle l'aime, et ne peut envisager d'avouer à ses collègues, parents et amis qu'elle vit à nouveau seule. Elle n'a plus beaucoup d'argent lorsque Romain lui propose de partir avec lui à l'autre bout de la France, là où ses activités professionnelles vont l'amener à s'installer. Il lui suggère de démissionner dès le lendemain, pour qu'ils puissent partir le plus vite possible en amoureux. Elle hésite, puis refuse. Il lui fait une scène pénible (elle ne l'a « jamais aimé »), et menace de la quitter. Puis il devient doux et caressant, et tente de la persuader. Sabrina se dit qu'elle sera à la merci de Romain dès qu'elle aura perdu son emploi.

Dans les jours qui suivent, elle laisse traîner les photos d'un de ses cousins, au physique d'acteur américain. Elle affiche sa gaieté, se fait belle, et devient mystérieuse quand il est question de son emploi du temps. Romain lui demande des explications, elle lui répond que tout est comme avant. Il lui demande de l'argent, elle lui conseille de revendre sa Porsche®.

Elle l'invite à une fête de famille chez ses parents, il refuse ce « piège au mariage ». Romain panique, il n'a plus d'argent. Son « pauvre papa » se meurt, dit-il, « il souffre horriblement », elle ne peut pas lui faire ça.

Depuis que Sabrina a subtilisé la carte bleue de Romain et son code confidentiel, elle a pu vérifier que cette carte fonctionnait très bien. Elle retire de grosses sommes et fait des achats importants, avant que la banque avertisse Romain qu'il est gravement à découvert.

Le lendemain, il s'étonne de retrouver ses affaires dans les poubelles de l'immeuble, la porte fermée à double tour et la serrure changée. Il repart finalement, jurant de se venger de la perversité féminine. Il enrage de n'avoir pas eu la satisfaction d'abandonner Sabrina après l'avoir persuadée de quitter travail et logement. Il déchire, chemin faisant, ce mot qu'il s'était promis de lui réciter (un peu de culture ne peut que rehausser l'image qu'un manipulateur sordide se fait de lui-même) : « Adieu, mon Ange, je t'ai prise avec plaisir, je te quitte sans regret : je te reviendrai peut-être. Ainsi va le monde. Ce n'est pas ma faute. » (Choderlos de Laclos, 1782, *Les liaisons dangereuses*.)

Malheureusement pour Romain, Sabrina avait elle aussi lu ce témoignage des mœurs du XVIIIe siècle, et en avait retenu le passage où la marquise de Merteuil blâme ces femmes « imprudentes, qui, dans leur Amant actuel, ne savent pas voir leur ennemi futur ».

Aimer tout en restant lucide représente sans doute un pari délicat. Mais c'est sûrement le prix à payer pour s'éviter les déconvenues des amours dépareillées, et tenir à distance les profiteurs d'âmes en peine, qui confondent amour et faiblesse, amour et naïveté, et qui omettent de penser que l'amour, peut-être impulsif au départ, reste essentiellement de l'ordre de la décision. Nous décidons d'aimer, ou tout au moins de manifester notre amour, et nous continuons à aimer parce que nous le voulons bien, et tant que nous le voulons.

ERREMENTS ET CONTREFAÇONS DE L'AMOUR

Faire revivre ceux que l'on a aimés

« Dès les six premières années de l'enfance, le petit homme a établi le mode et la tonalité affective de ses relations aux personnes de l'un et l'autre sexe, il peut à partir de là les développer et les transformer selon des directions déterminées, mais il ne peut plus les abolir. Les personnes auxquelles il se fixe de cette façon sont ses parents et ses frères et sœurs. Tous les êtres qu'il connaît plus tard deviennent pour lui des personnes substitutives de ces premiers objets[1]. »

Freud a nommé *transfert* la tendance d'un patient à établir avec son psychanalyste une relation qui, au fond, n'est pas conditionnée par la personnalité réelle de celui-ci, mais plutôt par le souvenir de relations plus anciennes, projetées sur lui. Il s'agit de « remplacer une personne antérieurement connue par la personne du médecin[2] ». Ainsi, « le malade, sans le savoir, répète le passé par ses actes, ses attitudes, ses sentiments[3] » ; « le transfert facilite la reviviscence douloureuse de situations anciennes péniblement vécues dans le passé ; une compulsion pousse à ces répétitions[4] ».

Il serait erroné, cependant, de croire que de telles situations ne s'observent que chez les « malades » évoqués par Freud, et face à un thérapeute. On observe en effet fréquemment, dans la vie de tous les jours, une similitude troublante entre le père ou la mère d'un individu, et son conjoint. Tout se passe en fait comme si notre mode de relation à autrui avait été figé dans la petite enfance et que, pathologique ou heureux, nous ayons tendance à le reproduire auprès de nouvelles personnes. C'est cela qui

---

1. FREUD S., « Sur la psychologie du lycéen », In DELRIEU A., *Sigmund Freud. Index thématique*.
2. FREUD S., « Fragment d'une analyse d'hystérie (Dora) », In DELRIEU A., *op. cit.*
3. FREUD S., « Remémoration, répétition et élaboration », In DELRIEU A., *op. cit.*
4. FREUD S., « Au-delà du principe de plaisir », In DELRIEU A., *op. cit.*

pourrait expliquer les expériences amoureuses renouvelées, mais au goût toujours identique. L'un « se fait toujours avoir », tandis que l'autre « n'arrive jamais à conclure » ; telle personne garde un souvenir ému de tous ses partenaires, tandis que telle autre accumule les amertumes. Chacun tire de ses expériences personnelles des conclusions générales sur les hommes ou les femmes. Nous idolâtrons ou nous diabolisons alors parfois l'un des sexes, sans comprendre qu'ils ne sont ainsi que parce que nous-mêmes les sollicitons dans ce sens, et parce que nous projetons sur eux une image toute faite, qui leur est en grande partie étrangère.

Qui se cache derrière le conjoint ?

La thérapie conjugale abonde en histoires de vie illustrant ce choix d'un conjoint lié aux images parentales. Ainsi, Jean-Gérard Lemaire[1] montre que le désir de faire revivre l'un des parents peut se faire soit sous l'angle positif (retrouver quelqu'un que l'on a aimé), soit sous l'angle négatif (trouver un conjoint qui soit le contraire de ce que représente l'image parentale honnie). L'un et l'autre cas peuvent du reste poser problème.

Sous un angle positif

La situation dans laquelle l'amour se porte vers un partenaire incarnant le père admiré et aimé tout au long de l'enfance est celle de cette jeune femme, fille d'un officier de marine, admirant le statut et l'uniforme de son père. Elle choisit pour époux un officier de marine, possédant de multiples traits de personnalité qui lui rappellent également son père. Elle est comblée jusqu'au jour du mariage, mais se rebelle alors contre les désirs de rapprochement sexuel de son mari, qu'elle juge bestiaux et indignes. Elle confond tant son mari avec son père qu'elle se refuse à ce que son inconscient perçoit comme un inceste.

---

1. LEMAIRE J.-G., *Le couple : sa vie, sa mort. La structuration du couple humain.*

Dans un cas de cette sorte, il est évident que le mari n'a jamais été vu pour lui-même. Il n'est qu'un substitut du père que la petite fille aurait tant voulu épouser. S'il a été soigneusement sélectionné par la jeune femme en quête d'un mari, c'est uniquement parce que ses ressemblances avec la figure paternelle permettaient l'identification.

Sous un angle négatif

Jean-Gérard Lemaire cite par ailleurs le cas des amours difficiles d'une jeune femme, qui s'était juré de trouver un mari qui ne ressemble pas à son père, c'est-à-dire qui ne soit ni alcoolique, ni violent. Elle « tombe » néanmoins sur un homme alcoolique, qui commence à la battre sitôt leur mariage célébré. Son deuxième mari, doux et sobre avant le mariage, se met progressivement à boire et à la frapper. Le troisième mari sera le bon, car il limite sa violence envers sa femme à des fantasmes sadiques, qu'il ne réalise pas.

On voit ici que le choix du conjoint est toujours lié à l'image paternelle, malgré la volonté apparente de l'intéressée, qui souhaite rencontrer un homme doux et gentil. On se trouve donc face à trois hypothèses :

- ou bien cette femme, malencontreusement, ne rencontre que des hommes violents (hypothèse de la fatalité) ;
- ou bien elle les *choisit* violents, même si leur violence est momentanément inhibée (hypothèse de sélection) ;
- ou bien elle les *rend* violents (hypothèse d'influences mutuelles au sein du couple).

On se rend facilement compte que cette dernière hypothèse (et même les deux dernières) pose un grave problème : celui de la responsabilité de la victime vis-à-vis de son agresseur. J.-G. Lemaire note que cette femme se montre « capable de réveiller des pulsions sadiques latentes chez des partenaires qui ne les présentaient pas jusque-là[1] ». C'est dire en tout cas la puissance des images qui impressionnent l'âme durant l'enfance, la

---

1. LEMAIRE J.-G., *op. cit.*

difficulté qu'il y a à s'en libérer, le poids qu'elles représentent dans la recherche d'un conjoint. « Le Sujet tend à reproduire un certain type de relation [...] dont il a gardé dans l'inconscient le modèle ineffaçable, en quelque sorte la nostalgie[1]. »

Comme en écho à cette réflexion, la *théorie de l'attachement*[2] postule que chaque individu possède, du fait de ses expériences initiales, une manière typique de gérer ses relations à autrui, parmi trois possibles :
- les sujets « confiants » peuvent sans difficulté se rapprocher des autres. Ils n'ont pas peur de la proximité affective, ni d'être abandonnés, ni de dépendre de l'autre ;
- les sujets « fuyants » ne sont pas à l'aise lorsqu'ils se sentent trop proches, trop intimes avec autrui. Ils ne se sentent jamais entièrement en confiance ;
- les « anxieux-ambivalents » ont un désir de très grande proximité affective, qui effraie quelquefois les autres. Ils ont souvent peur que leur partenaire ne les aime pas réellement, ou ne veuille pas rester avec eux.

Et vous ?

La recherche de l'amour serait de ce fait conditionnée par une sorte de rémanence d'expériences remontant à la petite enfance. Il est certainement difficile de se libérer de ce type de clichés, dont nous n'avons parfois même pas conscience. Seule, peut-être, la répétition des expériences, leur caractère redondant, peut vous alerter et vous permettre de briser le cercle sans fin des amours compulsives.

---

1. *Ibid.*
2. BOWLBY J., *Attachement et perte*, vol. 1 ; HAZAN C., SHAVER P., "Romantic Love Conceptualized as an Attachment Process", *Journal of Personality and Social Psychology*.

Quand l'amour s'intensifie pour des raisons peu romantiques

Réactions à l'adversité

« Tant plus le chemin est long dans l'amour, tant plus un esprit délicat sent de plaisir[1]. »

L'amour naissant est souvent labile, parce qu'il n'existe qu'en réaction à des obstacles apparents : une fois l'obstacle évanoui, l'amour s'affaiblit ou disparaît de lui-même. Cet effet de *réactance*[2] (l'individu fait tout son possible pour recouvrer une liberté menacée), explique notamment le fait que l'opposition des parents à des amours d'adolescents décuple l'intensité de cet amour. Une jeune fille s'affiche par exemple avec un garçon sans lui attacher beaucoup d'importance, mais dès lors qu'elle saisit le rejet ou la crainte qu'ont ses parents vis-à-vis de cette relation, elle s'empressera de la défendre avec force : c'est l'homme de sa vie, et rien, jamais, ne les séparera…

La motivation, en réalité, n'est pas tant d'aimer que d'affirmer son indépendance.

L'effet « Roméo et Juliette »

Une illustration célèbre de l'« effet Roméo et Juliette » a été offerte dans une expérience[3] qui consiste à interroger des couples mariés et non mariés (cohabitant ou non pour ces derniers), à propos de l'amour qu'ils éprouvent l'un pour l'autre, de leurs conflits éventuels, et de l'interférence

---

1. PASCAL B., *Discours sur les passions de l'amour*.
2. BREHM P., *A Theory of Psychological Reactance*.
3. DRISCOLL R., DAVIS K. E., LIPETZ M. E., "Parental Interference and Romantic Love: the Romeo and Juliet Effect", *Journal of Personality and Social Psychology*.

de leurs parents dans leurs affaires de couple. Les partenaires des couples non mariés se fréquentent en moyenne depuis huit mois, tandis que les autres sont mariés en moyenne depuis quatre ans. Sur les 140 couples du départ, 111 ont pu être à nouveau sondés six à dix mois plus tard.

L'interférence parentale est appréhendée à travers six questions mesurant à quel degré les parents du conjoint interfèrent dans la communication du couple, dérangent la relation, n'acceptent pas leur gendre ou leur bru, le font apparaître sous un mauvais jour, etc.

Les résultats obtenus montrent que plus les parents interfèrent dans la relation de couple, plus l'amour ressenti pour le conjoint est important, surtout chez les couples non mariés. De plus, l'évolution de ces résultats sur une durée de six à dix mois fait apparaître que l'accroissement de l'interférence s'accompagne d'un sentiment amoureux plus intense – et inversement dans le cas d'une diminution de l'interférence.

Les auteurs interprètent ces résultats en termes de frustration et de réactance : les couples – particulièrement les couples non mariés qui se sentent moins stables, plus vulnérables – protégeraient leur relation menacée par un accroissement de l'amour mutuel. Parallèlement, la frustration ressentie du fait de cette ingérence dans la vie du couple semble attiser le sentiment d'attachement mutuel.

Le paradoxe de cette expérience tient cependant au fait que l'interférence, qui paraît déclencher un sentiment d'amour plus intense, s'observe surtout dans les couples qui manifestent moins de confiance mutuelle, plus de critiques et de comportements négatifs, et qui comparent défavorablement leur conjoint à un autre partenaire possible. Ceci laisse envisager que dans ces couples l'amour « déclaré » est purement verbal et « défensif » : en affirmant haut et fort qu'ils aiment leur conjoint, ils se défendent efficacement contre les critiques des parents ou des beaux-parents.

L'amour peut donc fluctuer au gré des atteintes ressenties contre le « droit d'aimer ». Mais l'amour qui varie ainsi paraît bien fragile, bien discutable, lorsqu'il se trouve déconnecté de tous les signes d'attachement ou de valorisation du partenaire. Il est alors moins question d'amour que de revendication de liberté, et l'amour n'est plus qu'un alibi.

La séduction aux heures de fermeture

Un autre type de réaction à l'adversité a été mis en évidence lors d'une expérience réalisée dans des bars[1], qui montre que l'attractivité des personnes du sexe opposé augmente lorsque approche l'heure de fermeture, comme si la frustration ressentie par les jeunes gens à l'idée de rester seuls avait pour effet de rendre une rencontre d'autant plus souhaitable.

Dans cette expérience, on interroge les clients et clientes de trois bars proches de l'université de Virginie, à 21 h 00, 22 h 30 ou 00 h 00 (les bars ferment à 00 h 30). Les participants, qui ne sont pas engagés dans une conversation avec une personne de l'autre sexe, ont accepté d'évaluer sur une échelle allant de 1 (pas attractif) à 10 (extrêmement attractif) le degré d'attractivité de la population masculine et féminine du bar.

On constate que les personnes de l'autre sexe (et elles seules) sont perçues d'autant plus favorablement que l'heure est tardive. Lorsque le temps qui reste pour se choisir un ou une partenaire pour finir la nuit diminue, la liberté d'opter pour la personne qui conviendrait le mieux paraît menacée, et les sujets réagissent en postulant qu'au fond, les clients du sexe opposé alors présents sont tous sympathiques et attirants. À défaut de choix véritable, partir avec n'importe qui apparaîtra ainsi comme un « bon choix ».

---

1. PENNEBAKER J. W. *et al.*, "Don't the Girls Get Prettier at Closing Time: a Country and Western Application to Psychology", *Personality and Social Psychology Bulletin*, n° 5.

Les auteurs considèrent par ailleurs que l'abus d'alcool, qui va en s'aggravant au cours de la soirée, ne peut expliquer les résultats obtenus. En effet, si les évaluations des personnes de l'autre sexe deviennent graduellement « emphatiques », celles qui concernent son propre sexe restent mesurées, ce qui semble indiquer qu'un certain état de lucidité existe encore. Du reste, les auteurs excluaient de leur échantillon les consommateurs visiblement éméchés.

On voit donc que l'attirance que nous éprouvons pour des personnes de l'autre sexe peut subir de rapides variations, du seul fait de nos besoins immédiats. L'autre est ce qu'il est, mais notre sympathie oscille au gré des conditions extérieures, de nos besoins ou de nos peurs.

Un troisième type de réaction aux obstacles s'observe lorsqu'un amour a dû être tenu secret, les intéressés pressentant des sanctions s'il était révélé (dans le cas d'un adultère par exemple). On a montré que les histoires d'amour passées sont d'autant plus présentes, prégnantes, marquantes pour ceux qui les ont vécues, qu'elles ont été tenues secrètes à l'époque[1]. La nature secrète d'une relation suffirait ainsi à la rendre plus marquante et plus attractive.

Réactions physiologiques

L'amour s'éveille ou s'endort en même temps que le corps est, ou non, stimulé. Ce que l'on croit être l'intensité de l'amour ne résulte parfois que d'une activation physiologique. Nul besoin, du reste, que cette stimulation soit de nature érotique : la peur peut convenir, ou une activité sportive, ou de la musique...

---

1. WEGNER D. M., LANE J. D., DIMITRI S., "The Allure of Secret Relationships", *Journal of Personality and Social Psychology*.

Soixante-dix mètres suffisent à tomber amoureux

L'illustration la plus connue de ce principe est fournie par une expérience de Dutton et Aron[1], durant laquelle les auteurs cherchent à vérifier si des hommes sont plus attirés par une jolie jeune femme lorsque la rencontre a lieu tandis qu'ils éprouvent une forte émotion – en l'occurrence, une forte peur – qu'en l'absence de peur.

L'étude se déroule sur un site touristique canadien dans lequel se trouvent deux ponts. Le premier est un étroit pont suspendu traversant un canyon, qui se balance à soixante-dix mètres au-dessus de rochers et de rapides. Le second, large, fixe et solide, n'enjambe qu'à trois mètres de hauteur une petite rivière.

Quant au caractère impressionnant du pont suspendu, les auteurs en obtiennent la preuve en interrogeant des touristes à propos de la peur qu'ils ressentent, ou de la peur qu'éprouverait, selon eux, une « personne moyenne » sur ces ponts. Il est d'ailleurs amusant de constater que ces hommes s'estiment plus courageux que la moyenne.

Les participants, au total 85 hommes âgés de dix-huit à trente-cinq ans, qui se promènent seuls, sont abordés sur l'un des ponts par une séduisante jeune femme qui leur demande de répondre à un questionnaire sur l'« expression créative ». On emploie ici l'une des planches du TAT de Murray, choisie pour son absence de contenu sexuel explicite[2]. La jeune expérimentatrice demande à l'homme interviewé d'imaginer une histoire à partir d'une image. Toujours sur le pont, elle propose ensuite de lui expliquer l'étude plus en détail, ultérieurement. Elle donne à cette fin son nom et son numéro de téléphone personnel.

---

1. DUTTON D. G., ARON A. P., "Some Evidence for Heightened Sexual Attraction under Condition of High Anxiety", *Journal of Personality and Social Psychology*.
2. Le *Thematic Apperception Test* (TAT) de Henry Murray est l'un des tests dits « projectifs » : en présentant des dessins flous ou ambigus, et en demandant à chaque fois d'imaginer une histoire, on fait l'hypothèse que la personne dont on essaye de déceler les traits de caractère se projettera elle-même dans le scénario qu'elle imagine.

Le résultat principal tient au contenu sexuel plus fréquent, dans les scénarii construits en réponse à la planche du TAT, chez les hommes interrogés sur le pont suspendu. Ces derniers tentent aussi par la suite, plus souvent que les autres, de renouer le contact avec l'expérimentatrice en lui téléphonant.

Aucune différence de ce genre ne s'observe lorsque c'est un homme qui interviewe les sujets sur l'un ou l'autre pont.

Dutton et Aron concluent qu'une forte émotion accroît l'attrait des participants envers la jeune étudiante. En interprétant leurs manifestations d'anxiété comme des signes d'attirance, ils se sentiraient moins anxieux. Un homme dont le cœur bat anormalement vite attribue ce fait à la présence de la belle étudiante, ce qui le rassure sur lui-même.

Une autre interprétation de ces résultats serait tout simplement que l'état d'excitation physiologique ne fait qu'exacerber un sentiment ou une attirance déjà présents, mais jusque-là restés latents.

Les stimulants de l'amour

White, Fishbein et Rutstein[1] montrent que la stimulation physique ne suffit pas à tomber amoureux, mais qu'elle amplifie les attirances éprouvées.

Les hommes qui participent à leur recherche visionnent une cassette vidéo où apparaît une jeune femme rendue attirante ou peu attirante par le biais du maquillage et de la tenue vestimentaire. On dit à ces hommes qu'ils la rencontreront dans la suite de l'expérience, et on leur demande de donner leurs impressions sur elle.

Que l'excitation physiologique résulte d'un exercice physique (courir sur place) ou du visionnage d'une cassette vidéo stimulante – plaisante (les exploits d'un aventurier) ou stressante (le récit du destin tragique et

---

1. WHITE G. L., FISHBEIN S., RUTSTEIN J., "Passionate Love: the Misattribution of Arousal", *Journal of Personality and Social Psychology*.

violent d'un missionnaire) –, les participants sont plus attirés que des sujets non stimulés par la jeune femme rendue attirante et moins attirés lorsqu'elle est peu attirante. La stimulation semble donc exalter une attitude déjà présente chez l'individu.

La stimulation paraît surtout jouer le rôle d'une *prise de conscience* : elle permettrait une certaine désinhibition des attitudes. On ose alors s'avouer son attirance pour quelqu'un, et la manifester. Inversement, une antipathie latente et inhibée risque aussi de se manifester avec une certaine brutalité.

Par ailleurs, il est amusant de constater qu'en l'absence d'une réaction physiologique réelle, faire croire à quelqu'un qu'il en éprouve une, suffit à l'amener à se sentir ému, touché ou amoureux : dans une expérience classique[1], on présentait à des hommes des diapositives figurant des femmes (très) peu vêtues. On leur fait entendre, simultanément, un son que l'on affirme, de façon mensongère, être l'amplification de leurs battements cardiaques. Pour cinq diapositives, ils entendent « leur » rythme cardiaque s'affoler, tandis que pour cinq autres il reste stable.

On constate que ces hommes perçoivent comme plus attractives les femmes présentées alors que ce qu'ils croient être leur rythme cardiaque s'accélère notablement, et cet effet perdure plusieurs semaines après l'expérience. Ce sont les mêmes photos qu'ils choisissent comme « gratification » en échange de leur participation à l'expérience.

Une expérience ultérieure prouve en outre que dire la vérité aux participants n'y change rien : même lorsqu'ils sont informés que ce qu'ils entendaient n'avait rien à voir avec leurs battements cardiaques, ils persistent à trouver plus attirantes les femmes dont ils ont cru initialement qu'elles les faisaient « vibrer »...

---

1. VALINS S., "Cognitive effects of false heart-rate feedback", *Journal of Personality and Social Psychology*.

Et vous ?

La moralité de ces expériences pourrait être, pour ceux qui veulent être fixés sur les sentiments d'un partenaire pressenti, de le stimuler quelque peu : quelques objets un peu lourds à porter, du bricolage, des côtes ou de longs escaliers lors d'une promenade, de la musique (les décibels sont recommandés), etc. N'en abusez pas toutefois : un partenaire *fatigué* n'est pas un partenaire *stimulé*...

Quoi qu'il en soit, on constate ici encore que le sentiment amoureux naissant fluctue sans rapport avec les caractéristiques du partenaire.

Interférences déplacées de l'entourage, conditions peu propices, ce qui semble *a priori* s'opposer à l'amour le catalyse et l'exalte au contraire. Les femmes en ont-elles conscience lorsqu'elles se refusent, dans un premier temps ? On retrouve cette vérité toute simple chez Balzac, qui écrit qu'« entre deux êtres susceptibles d'amour, la durée de la passion est en raison de la résistance primitive de la femme, ou des obstacles que les hasards sociaux mettent à votre bonheur[1] ». Nous n'apprécions que ce pour quoi nous nous sommes battus, les amours trop faciles n'ont guère de saveur.

---

1. BALZAC H. de, *Physiologie du mariage*.

TROISIÈME PARTIE

Du nuage au sol

Chapitre 8

Le grand amour : un mythe déchu ?

À l'heure où l'on croirait depuis longtemps oubliées les amours d'Arès et Aphrodite (dans la mythologie grecque), ou de Mars et Vénus (chez les Romains), leur ombre revit et s'impose sous la forme d'un best-seller mondial : *Les hommes viennent de Mars, les femmes viennent de Vénus*[1]. Lorsque plus personne n'oserait prétendre à l'existence de dieux assemblés au sommet du mont Olympe, occupés à festoyer et à surveiller les mortels, le mythe s'incarne en chaque être humain, qui devient le dépositaire d'un fragment de l'essence divine. Mars et Vénus, jetés à bas des croyances collectives, sont remplacés par les martiens et les vénusiennes, incarnations collectives – et égalitaristes – de dieux en apparence gommés de la vie sociale.

---

1. GRAY J., *Les hommes viennent de Mars, les femmes viennent de Vénus*.

L'AMOUR NE DOIT RIEN AU HASARD

Le « coup de foudre » continue de précipiter ses victimes l'une vers l'autre, même si Éros et Cupidon ont cessé d'exister autrement qu'en tant qu'éléments d'un arrière-plan culturel, ou comme supports au marketing de la Saint-Valentin. Leurs flèches n'étant plus guidées par des divinités malicieuses ou vengeresses, elles n'en sont que plus durement ressenties. Autrefois, obéissant au vouloir, au caractère d'un dieu, elles paraissaient souvent méritées et prévisibles. L'amour, jadis, était la récompense de mérites surhumains ou la grâce d'une prière exaucée. Ainsi, lorsqu'une nymphe s'éprit du bel Hermaphrodite et pria les dieux de lui être unie pour toujours, sa prière fut entendue, et ils formèrent un être double, à la fois masculin et féminin. Aujourd'hui, les flèches semblent échapper à tout contrôle, elles paraissent être le fruit du hasard, de la chance, d'une vague prédestination. L'angelot pathétique, réminiscence de dieux autrefois lucides, a ainsi tardivement[1] été affublé d'un bandeau sur les yeux...

Les âmes sœurs se retrouvent toujours

Avant même d'être une rencontre, un échange, une relation humaine, avant même d'être un sentiment ou une fusion affective, l'amour est un mythe (« Récit fabuleux, transmis par la tradition, qui met en scène sous une forme symbolique des forces de la nature, des aspects de la condition humaine[2] »).

L'amour prend naissance sous une forme mythologique et idéale, avant que la chute des dieux, dans le cœur des hommes, ne le contraigne à s'incarner en un magma de croyances diffuses, éclairées encore par la foi en des personnages légendaires à défaut d'être divins.

---

1. Au moins à partir du XVe siècle.
2. Dictionnaire *Le Robert*.

LE GRAND AMOUR : UN MYTHE DÉCHU ?

L'un des ancrages classiques du mythe de l'amour est le récit platonicien du *Banquet*, au cours duquel chacun des convives prononce un discours consacré à l'amour. Le discours d'Aristophane relate le célèbre mythe de l'androgyne. Il aurait existé autrefois des créatures tenant à la fois du mâle et de la femelle (*andros/gyne*). Mais qu'ils soient hommes, femmes ou androgynes, les mortels s'attaquèrent aux dieux, et tentèrent d'escalader le ciel pour les combattre. Zeus, pour les punir de leur présomption, décida de les affaiblir en les coupant en deux.

Ainsi divisé, chaque être se rappelle la partie qui lui manque et aspire à la retrouver. « Nous formions un tout : le désir de ce tout et sa recherche a le nom d'amour[1] ». Ceux qui s'aiment ne désirent que « se réunir et se fondre avec l'être aimé, au lieu de deux n'être qu'un seul ». Chacun, regrettant sa moitié[2], tente de la rejoindre. Mais faute de retrouver la *véritable* partie complémentaire de nous-mêmes, nous nous attachons aux créatures qui nous la rappellent, voguant ainsi de partenaire en partenaire jusqu'au jour où, devenus « amis de ce dieu (l'Amour), si nous faisons notre paix avec lui, nous découvrirons et nous rencontrerons les bien-aimés qui nous appartiennent en propre, ce que peu de gens à présent réalisent ».

Platon amène donc par cette allégorie le thème des âmes sœurs qui se complètent idéalement, séparées l'une de l'autre, mais appelées à se retrouver un jour. Toutes deux sont porteuses de l'image de l'autre qui guidera leur incessante recherche, le « coup de foudre » n'étant que l'impression bouleversante d'avoir retrouvé l'objet de cette quête éternelle.

---

1. PLATON, *Le banquet*.
2. Le terme « moitié » est du reste souvent employé pour désigner le conjoint.

Toute la conception romantique de l'amour se trouve là : chacun possède son âme sœur qui lui apportera la plénitude absolue : impossible de ne pas la rencontrer...

Par ailleurs, Platon, dans *Phèdre*, assimile encore l'amour à un « délire » divin, aux côtés de trois autres délires : l'inspiration divinatoire, l'inspiration mystique, et l'inspiration poétique. Le délire amoureux, inspiré par les dieux, est justement ce don transcendant qui permet à l'homme d'entrer en contact avec les réalités supérieures. Car le délire, s'il est possession par une entité supérieure, n'est pas alors assimilé à la folie.

Est-ce cette forme de possession qui s'exerce aujourd'hui, quand personne ne s'étonne que l'amoureux ne soit plus vraiment lui-même ?

L'amour nous arrache à nous-mêmes jusqu'à ce que le « délire » prenne fin. Éros s'est alors envolé ; il nous laisse reprendre nos esprits et faire le bilan...

Aux caprices d'Éros s'opposera quelques siècles plus tard l'agape chrétienne du Nouveau Testament. En rupture avec les affres du désir, l'agape désignera l'amour impersonnel, désintéressé, christique. Manifestation de la présence d'un Dieu unique, cet amour-là est prôné comme une règle de vie (« Aimez-vous les uns les autres »), et revient ainsi sous l'emprise de la volonté humaine, rejoignant en cela l'Éros sublimé de l'« amour platonique ».

Amants mythiques, amants subversifs

En marge de l'apport mythologique proprement dit, le mythe de l'amour puise ses références dans les récits légendaires. Qu'elles soient romancées ou empruntées à l'histoire, certaines idylles bouleversent une époque, prennent force d'exemple, deviennent la référence, le prototype, l'archétype du « vrai amour ».

Nombre de ces récits illustrent une structure narrative arc-boutée sur l'idée de la rupture, de la transgression de l'ordre social.

Abélard et Héloïse, ou l'amour suborné

Châtier l'amour qui menace la structure sociale, telle semble être la morale de l'histoire d'Abélard et Héloïse.

Rappel de l'histoire

Abélard (1089-1142), professeur renommé, se voit confier par le chanoine Fulbert de Notre-Dame de Paris l'éducation de sa nièce de quinze ans, Héloïse (1101-1162). Abélard s'éprend de la jeune fille ; le chanoine le chasse alors de sa maison. Héloïse se laisse persuader par Abélard de l'épouser, et obtient le consentement de son oncle. Ils se marient toutefois en secret, car Abélard craint que cette union ne nuise à sa carrière. Fulbert, frustré de la reconnaissance sociale résultant d'un mariage officiel, se venge en commandant à ses sbires d'émasculer Abélard. Héloïse a toutefois mis au monde un enfant. Les amants se cloîtrent ensuite dans une vie monacale, échangeant la correspondance qu'on leur attribue aujourd'hui.

Tout est transgression dans cette tragédie de l'amour :

- Le brillant philosophe trahit la confiance qu'on lui porte. Il séduit son élève au lieu d'élever son esprit. Il n'accepte le rituel du mariage que pour mieux en ruiner la portée sociale. Enfin, il s'aliène ses chances de carrière.
- Héloïse, quant à elle, se singularise par sa réticence à troquer l'amour-passion contre les « liens sacrés du mariage » ce qui, pour beaucoup d'autres, aurait été l'aboutissement logique et désiré de la relation.

- Le chanoine Fulbert, en tant qu'éminent ecclésiastique, ne brille pas par son sens du pardon et de la charité chrétienne...

On voit donc que l'amour surgit selon sa logique propre, quitte à troubler l'ordre social et la quiétude des familles.

Roméo et Juliette, ou l'amour foudroyé

Roméo et Juliette, bien que personnages de fiction, occupent une place de choix au panthéon des amants légendaires. La tragédie de Shakespeare, qui connut sa première représentation en 1595, s'adosse au thème de la transgression.

Rappel de l'histoire

L'amour des deux protagonistes est le plus malvenu, car ils sont à Vérone les héritiers de deux familles ennemies, les Capulet et les Montague. « Prodigieuse est pour moi la naissance d'amour, que je doive aimer mon ennemi détesté ! » se désole Juliette[1]. Roméo et Juliette rompent néanmoins avec enthousiasme le pacte de haine qui lie leurs deux familles. Enfreignant cette règle explicite, ils doivent cacher leur amour, se marier en secret, et finalement expier leur audace dans une mort tragique.

Shakespeare semble vouloir dire qu'un amour supérieur, indifférent aux barrières de castes, à la bêtise et à la férocité humaine, n'a pas sa place ici-bas. Aussi le sort des amants de Vérone est-il réglé de façon expéditive,

---

1. SHAKESPEARE, *Œuvres complètes*. On remarque dans cette citation un ressort récurrent des scénarios amoureux : la preuve que ces deux personnages s'aiment, c'est justement que normalement ils n'auraient pas dû s'aimer. L'un est de milieu aristocratique, tandis que l'autre est un pur rejeton des classes populaires (voir par exemple le film *Titanic*) ; l'un aime sa tranquillité, tandis que l'autre déteste la routine... Le spectateur jubilera de comprendre, avant les intéressés, que malgré leurs réticences ou leurs doutes, ils sont faits l'un pour l'autre, et que l'amour les forcera tôt ou tard à l'admettre.

Le grand amour : un mythe déchu ?

par l'entremise d'une indicible fatalité qui s'attache à leurs pas et les guide sans faillir vers le tombeau :
- à peine marié, Roméo tue en duel Tybalt, le cousin de Juliette, exacerbant ainsi la haine des Capulet à son égard et l'obligeant à s'exiler à Mantoue ;
- Juliette quant à elle se voit contrainte d'épouser le comte Paris trois jours seulement après son mariage secret avec Roméo ;
- le frère Laurent imagine un stratagème destiné à sauver ses protégés, mais le messager chargé d'apporter à Roméo la missive décisive ne peut accomplir sa mission ;
- Roméo se tue en croyant Juliette morte. Juliette se poignarde en découvrant Roméo mort...

Et la tragédie scelle la concorde retrouvée des Capulet et des Montague.

Mais le ressort plus caché de cette pièce est d'organiser le récit, la fulgurance de l'amour et de l'issue fatale, de manière à préserver un amour parfait de la chute due aux désillusions de la vie conjugale. Lorsque Juliette a absorbé la drogue qui lui donne l'apparence d'une morte, frère Laurent laisse échapper cette pensée : « N'est pas bien mariée celle qui vit longtemps mariée. Elle est bien mieux mariée celle qui meurt jeune mariée. » Le franciscain trahit ainsi le mécanisme intime de la pièce, qui concourt à sauver l'amour véritable de l'érosion des relations, des déceptions, de la laideur.

Tristan et Yseut, ou l'amour pourchassé

L'amour légendaire de Tristan et Yseut brille d'un incomparable éclat. Remontant à la fin du XIIe siècle pour les versions les plus anciennes qui nous soient parvenues, ce récit semble déjà avoir eu un immense retentissement à cette époque, ainsi qu'en témoignent les multiples versions du texte et sa diffusion dans tout l'Occident chrétien.

Rappel de l'histoire

Tristan, jeune orphelin, est le neveu du roi Marc de Cornouailles. Sa vaillance l'amène à combattre et à tuer le géant irlandais Morholt, mais il reçoit de sa part un coup d'épée empoisonnée. Se laissant porter à la dérive dans un bateau sans voiles ni rames, il aborde le rivage irlandais. Il y est soigné et guéri par Yseut, fille de la reine d'Irlande et nièce du Morholt, qui ignore que Tristan est le meurtrier de son oncle.

Quelques années plus tard, un oiseau apporte au roi Marc un cheveu d'or. Le roi, décidé à épouser la jeune fille à qui appartient ce cheveu, charge Tristan de la retrouver. Une tempête rejette à nouveau Tristan vers l'Irlande, où il combat un dragon qui le blesse. Il est une seconde fois guéri par Yseut, qui découvre qui il est et menace alors de le tuer. Elle y renonce finalement, et puisque le cheveu d'or lui appartenait, elle vogue avec Tristan vers le roi Marc, son futur époux. Durant le périple, on leur fait boire par erreur le philtre d'amour qui était destiné au roi et à la future reine. Tristan et Yseut sont dès lors prisonniers d'une irrésistible passion.

Le mariage d'Yseut et du roi Marc a tout de même lieu, mais des barons « félons » dénoncent au roi l'amour illicite qui le déshonore. Nos héros parviennent une première fois à se disculper, mais un piège leur est tendu qui semble alors faire la preuve de l'adultère. Tristan est condamné à être brûlé vif, Yseut à être livrée à une troupe de lépreux. Tristan s'échappe et délivre la jeune femme. Ils se cachent durant trois ans dans une forêt. Se repentant de leur conduite lorsque le philtre d'amour cesse d'agir, ils demandent au roi son pardon, en échange du retour à ses côtés d'Yseut. Marc accepte.

Tristan, parti ensuite guerroyer au-delà des mers, croit qu'Yseut a cessé de l'aimer. Aussi épouse-t-il « Yseut aux blanches mains » (dont le nom lui rappelle « Yseut la blonde »), mais il lui fait l'affront de lui laisser sa virginité. Blessé encore une fois d'un javelot empoisonné, il sait que seule Yseut la blonde pourrait le sauver, aussi l'envoie-t-il chercher. Tristan rend l'âme quand on lui fait croire qu'elle aurait refusé de venir à son aide, alors qu'elle vogue en réalité vers lui. Yseut la blonde étreint une dernière fois son amant avant de mourir à ses côtés.

LE GRAND AMOUR : UN MYTHE DÉCHU ?

Dans la version d'Eilhart d'Oberg, le roi Marc fait enterrer Tristan et Yseut côte à côte, et au-dessus de leurs corps, il fait planter un cep de vigne et un rosier, qui « s'entrelacèrent si étroitement qu'il aurait été absolument impossible de les séparer, sinon en se résolvant à les briser[1] » – ultime effet du philtre d'amour.

La forme extérieure du mythe de Tristan et Yseut est donc celle d'une passion d'amour merveilleuse et tragique, d'un amour surnaturel et inaltérable. C'est aussi l'histoire d'une déchéance et d'une intense souffrance. Car dès l'aveu mutuel de leur amour, les héros sont saisis d'angoisse à l'idée du déshonneur qui les guette. En des temps chevaleresques et courtois où les mots *loyauté*, *fidélité*, et *honneur*, ont un sens, Tristan et Yseut entrent dans le cycle du mensonge et de la ruse, pour se justifier et écarter les soupçons. Anxieux face au juste courroux du roi trompé, ils ont honte de leur faute, et sont acculés autant à la détresse morale qu'au dénuement physique.

L'amour ne leur apporte aucun bonheur. Amour coupable s'il en est, leur irrésistible attirance mutuelle ne peut s'insérer dans leur environnement social. Aussi se trouvent-ils rejetés, exclus, marginalisés, après avoir été surveillés, espionnés, dénoncés et pourchassés.

À l'exclusion de la faute initiale – non relatée et donc hypothétique dans les versions les plus anciennes, où manquent certains épisodes – tout le récit s'organise autour de l'évitement de l'union physique des amoureux, soit pour des raisons indépendantes de leur volonté, soit de leur fait (alternativement).

Ils ne peuvent donner libre cours à leur passion lorsqu'ils sont constamment épiés par les barons et serviteurs du roi Marc. Mais seuls dans la

---

1. *Tristan et Yseut, les premières versions européennes*, coll.

forêt de Morrois durant trois années, ils s'interdisent à eux-mêmes d'assouvir physiquement leur désir. Allongés côte à côte, étroitement enlacés, l'épée de Tristan placée entre leurs corps, « leurs bouches se sont rapprochées, et pourtant restent légèrement séparées (...). C'est ainsi que se sont endormis les amants, sans penser à mal, si peu que ce soit[1] ».

Les « amants » se quittent par ailleurs volontairement, malgré leur amour. Car ils ne sont pas amoureux *l'un de l'autre* mais amoureux *de l'amour*. Or, Denis de Rougemont, auteur d'un ouvrage célèbre et controversé[2], observe que « l'ardeur amoureuse spontanée, couronnée et non combattue, est par essence peu durable. C'est une flambée qui ne peut pas survivre à l'éclat de sa consommation. Mais sa brûlure demeure inoubliable, et c'est elle que les amants veulent prolonger et renouveler à l'infini »[3].

Le roman de Tristan et Yseut illustrerait en réalité le conflit entre le mariage institué et l'amour courtois. Car la règle de l'amour courtois s'oppose à ce qu'une telle passion « tourne à réalité », c'est-à-dire aboutisse à l'« entière possession de sa dame »...

La fidélité courtoise s'oppose ainsi à la fois au mariage, jugé incompatible avec l'amour, et à la « satisfaction » de l'amour. C'est pourquoi

---

1. Version de Béroul, In *Tristan et Yseut, les premières versions européennes*, coll.
2. ROUGEMONT DE D., *L'amour et l'occident*.
3. Yseut déclare d'ailleurs à l'ermite Ogrin : « Il ne m'aime pas, ni moi lui, hormis à cause d'une boisson dont j'ai bu, ainsi que lui. » Et Gottfried de Strasbourg, dans son prologue au roman, indique explicitement : « Cette histoire *fait aimer l'amour* et ennoblit l'âme (...) Ceux dont nous parle ce conte d'amour, s'ils n'avaient pas d'un même cœur, *pour l'amour de l'amour*, supporté des peines, et pour un grand bonheur des tourments passionnés, leurs noms et leurs aventures n'auraient pas fait les hautes destinées et les félicités de tant de nobles cœurs. *Tristan et Yseut, Les premières versions européennes*, coll.

l'histoire de Tristan et Yseut confère au mari (le roi Marc) un rôle peu glorieux, et parsème par ailleurs la route des héros d'obstacles intérieurs ou extérieurs à la matérialisation de leur amour.

Amour et sublimation

Pour Denis de Rougemont, ce mythe laisse transparaître la doctrine cathare. Apparu à la même époque (le XIIe siècle) et dans les mêmes lieux (le sud de la France) que la poésie courtoise, le catharisme condamnait sans appel le mariage et la sexualité, au contraire de l'orthodoxie catholique choisissant de sanctifier les liens conjugaux.

L'amour courtois, fait de patience à l'égard de la Dame, de dévouement, de chasteté, dissimulerait l'hérésie cathare. L'amour-passion serait alors la face émergée et populaire d'une religion et d'une mystique bientôt condamnée sans appel, et pourchassée par la religion dominante, dans le cadre de la croisade contre les Albigeois.

De Rougemont va même jusqu'à suggérer de possibles filiations avec la doctrine tantrique, apparue en Inde au VIe siècle. Les techniques du bouddhisme tantrique visent en effet à anéantir le moi et à atteindre le nirvana, au moyen d'une ascèse sexuelle et par la vénération de la femme, considérée comme manifestation de la divinité. De façon parallèle à cette thématique, le péché contre l'amour courtois est « la possession physique d'une femme réelle », la « profanation » de l'amour, la trahison de l'amour mystique.

Car la vénération de la Dame est surtout symbolique : « La Dame des pensées ne serait autre que la part spirituelle et angélique de l'homme, son vrai *moi*. » Pour l'atteindre, l'impétrant devrait maîtriser la force occulte naissant de l'élan charnel contenu. « L'amour pur, c'est celui qui reste tel dans des circonstances périlleuses, provoquées, et qui utilise l'énergie de ce Désir pour des fins plus hautes que l'accouplement[1]. »

---

1. NELLI R., *Lumière du Graal*, numéro spécial de la revue *Cahiers du Sud* (1951), cité par D. DE ROUGEMONT.

Si l'imprégnation du mythe de Tristan et Yseut par une mystique manichéenne a pu être contestée (mais non réfutée), il n'en reste pas moins que l'ensemble du roman s'organise autour de la question lancinante de la « satisfaction » de l'amour. Celle-ci est présumée lors de l'épisode du philtre, car sinon il n'y aurait pas d'histoire du tout. Par la suite, il est vrai que c'est plutôt une ascèse mystérieuse qui est suggérée.

Un détail anecdotique mérite d'ailleurs d'être relevé : le pseudonyme parfois employé par Tristan est *Tantris*...

Le grand amour à la portée de tous

Pour Denis de Rougemont, l'amour infini ne pouvait s'élancer que vers Dieu ou vers le moi déifié. Mais par la suite, le sens du mythe s'est perdu ; l'ascèse originelle a progressivement laissé place à la satisfaction de l'instinct. La transcendance mystique s'est muée en sentimentalisme ordinaire.

Le rêve de la passion distrait et chasse l'ennui. La multiplication des aventures amoureuses les voit devenir chaque fois plus insignifiantes...

À défaut d'un mythe unique, les médias proposent alors à la multitude des centaines d'histoires qui, toutes, avec leur scénario normalisé, constituent une monotone litanie, destinée à pallier pour quelques instants l'insatisfaction ou le désir d'émotions du public.

L'exemple le plus évident est celui des romans Harlequin. Quarante nouveaux titres par mois sont diffusés selon des normes standardisées sur la terre entière. Annik Houel[1] montre que ces romans « roses », qui donnent l'illusion momentanée d'un amour parfait, compensent aussi des blessures narcissiques. L'insatisfaction dans la vie quotidienne, le

---

1. HOUEL A., *Le roman d'amour et sa lectrice*.

sentiment de vide, la dévalorisation de soi sont compensés par la survalorisation de l'amour. La figure de l'amant idéal cacherait sous le masque convenu de la virilité une fonction féminine, maternante, protectrice, à même d'apaiser le passif de la relation mère-fille de la lectrice.

Si l'amant est athlétique, s'il a le menton « dominateur », des « yeux verts de fauve », s'il est reconnu socialement, il est aussi présent pour rassurer la femme-enfant qui pourra se glisser dans ses bras, se laisser porter, vêtir, loger, réconforter, entretenir ou encourager professionnellement… Elle n'a plus de souci à se faire.

Quant aux relations sexuelles, puisqu'il faut bien admettre que les hommes ne sont pas entièrement désintéressés – et que par ailleurs il s'agit tout de même d'un mari potentiel – il faut bien en passer par là. Mais elles seront merveilleuses et, surtout, dénuées de tout sentiment de culpabilité, puisque c'est l'homme qui les désire et prend toutes les initiatives. Ultime précaution : l'héroïne est d'autant plus innocente que son corps semble ne plus lui appartenir ; elle l'observe comme « de l'extérieur », il « frémit » tout seul…

Le scénario-type des romans Harlequin comprend cinq étapes : la rencontre, la confrontation polémique, la séduction, la révélation de l'amour, et le mariage (facultatif). C'est la confrontation polémique (les disputes) qui occupe la place la plus importante : 65 % du texte. Car on touche ici à l'un des mythes proposés par Galician[1] pour rendre compte des désillusions de la vie affective. Parmi ces mythes véhiculés par les médias, ces croyances idéalisées et souvent totalement infondées, figurent :

- l'idée selon laquelle se disputer sans cesse atteste que l'on s'aime profondément ;

---

1. GALICIAN M.-L., *Sex, Love and Romance in the Mass Media*.

- la croyance en l'existence d'un partenaire qui nous est fatalement prédestiné, et dont rien ni personne ne pourra ensuite nous séparer ;
- l'espoir d'un amour qui naît « au premier regard » ;
- le rêve d'une âme sœur comprenant et devinant tout ce que nous ressentons et désirons, sans que nous ayons à l'exprimer ;
- l'illusion que seule une femme au physique de top-modèle, et seul un homme plus grand, plus riche et mieux accompli professionnellement que sa partenaire, pourront construire un couple solide ;
- la croyance selon laquelle l'amour d'une femme bonne et fidèle pourra transformer une « bête » en « prince » ;
- l'idée que, l'amour étant la seule chose importante, les différences de valeurs importent peu ;
- ou encore l'illusion que le partenaire idéal comblera entièrement nos besoins, et satisfera tous nos rêves…

Toutes ces croyances, que Galician nomme des mythes, apparaissent comme des lambeaux des mythes originels, comme des fragments dégradés d'un récit dont le sens intime s'est perdu. Ils aboutissent ainsi à leurrer l'individu, à entretenir des espoirs trompeurs.

Galician remarque par exemple que :

- attendre l'être unique, qui nous est « cosmiquement » prédestiné, risque de nous empêcher de remarquer des partenaires potentiels avec qui nous aurions pu être heureux ;
- supposer que l'autre devrait comprendre tout ce qui se passe en nous, sans que nous ayons besoin de l'exprimer, entraîne des problèmes de communication et de l'insatisfaction dans le couple ;
- vouloir changer notre partenaire semble bien inutile, puisque nous sommes déjà, en général, incapables de changer nous-mêmes.

LE GRAND AMOUR : UN MYTHE DÉCHU ?

Les autres ne changent pas, il vaut donc mieux les *choisir* dignes d'être aimés ;
- espérer trouver la plénitude grâce à l'autre est bien illusoire : deux vides ne font pas une plénitude... Il est plus réaliste de rechercher *en soi-même* l'harmonie pour avoir quelque chose à donner à son partenaire.

Véhiculés par les médias, tous ces « petits mythes » mettent en place insidieusement l'idée d'un amour impérieux et futile, irrésistible et insignifiant. La prolifération des amourettes éloigne l'amour de toute une vie. La monogamie devient « sérielle[1] », avec l'augmentation régulière du taux de divorce, c'est-à-dire que l'on va d'un conjoint à un autre. L'accroissement de la durée de la vie fait qu'un mariage, qui peut potentiellement durer plus de cinquante ans, est peut-être au fond insupportable à qui ne peut envisager une relation fusionnelle et définitive avec son partenaire. Tout le monde ne suppportera pas l'idée de rester cinquante ans avec la même personne.

> **Le droit d'aimer comme à la télé, ou comment un mythe déchu devient tyrannie du sentiment**
>
> Anne n'a lu ni Platon ni Shakespeare, mais elle possède 553 ouvrages de la collection « Harlequin ». Elle ne manque aucun épisode des séries américaines où il est question d'amour. Secrétaire de direction, elle vit seule dans un trois pièces avec vue sur le périphérique parisien.
>
> Elle a eu diverses aventures, conformes en tout point au scénario standard de ses lectures favorites, à l'exception de quelques détails notables :
> - John, Brent et les autres (elle rebaptise ses partenaires du nom de ses personnages préférés) ne la demandent jamais en mariage ;

---
1. HOUEL A., *op. cit.*

- parfois, ils perdent son numéro de portable immédiatement après une nuit d'amour, ou la fatalité les contraint à un regain d'activité professionnelle qui ne leur laisse guère de temps pour autre chose ;
- ils ne sont pas tous experts en « l'art d'aimer », il y a même eu des ratés ;
- ils n'ont pas tous une situation professionnelle enviable (il y a bien eu ce directeur d'une clinique privée qui la courtisait, mais il avait soixante-sept ans).

Anne constate que sa vie sentimentale ressemble peu ou prou à ses lectures, jusqu'à « l'acte ». Avant, ses partenaires se montrent prévenants, ils lui font des cadeaux, ils s'intéressent à elle. Après, plus rien de tout cela. Il faudrait donc inverser l'ordre des choses : *d'abord* la demande en mariage, *puis* la consommation légitime d'un amour honnête. À défaut de demande, Anne peut transiger en acceptant un engagement clair.

C'est ainsi qu'elle a commencé à vivre avec Howard. Leur histoire a duré presque une année.

Tout a dérapé lorsque Howard s'est rendu compte que lors de leurs interminables discussions à propos de leur couple, il retrouvait des répliques employées par les héroïnes des téléfilms ou des romans préférés d'Abigail (c'est ainsi qu'elle se fait dorénavant appeler).

Par exemple lorsqu'elle lui a assené, après une dispute sans gravité : « Je pensais que tu aurais compris que nous n'avons plus rien en commun… Nous n'avons plus rien à nous dire. Je suis désolée, sincèrement désolée de te faire autant de mal. » Ou quand elle lui a dit, après qu'Howard a rencontré ses parents : « À partir de l'instant où tu es entré dans cette maison, j'ai su que tu faisais partie de cette famille pour toujours. » Ou encore, lorsqu'il s'est levé après elle le matin, et qu'elle l'a accueilli ainsi : « C'est une vraie surprise de te voir si tôt, est-ce que je peux te servir quelque chose, du café ? »

Pour un oui, pour un non, elle répète qu'elle est « toute excitée », mauvaise traduction de l'anglais *excited*. En toutes circonstances, il faut se dire « Je t'aime » ; à quoi il est convenu de répondre par un : « Je t'aime plus que tout au monde » (alternative possible : « Tu es toute ma vie »).

LE GRAND AMOUR : UN MYTHE DÉCHU ?

En bref, leurs rapports étant devenus rien moins que spontanés, Howard et Abigail décidèrent de se séparer. Ce fut l'occasion de rejouer de façon émouvante une scène-clé de *Triste été à Panama*.

Pour rendre compte de ces échecs successifs, il faut dire aussi qu'Abigail n'est pas la princesse de contes de fées qu'elle imagine, mais qu'il lui est impossible d'en prendre conscience par elle-même. De plus, elle décourage ses partenaires par son discours stéréotypé, centré exclusivement sur leur relation, comme si rien d'autre au monde n'avait d'importance. La jeune femme a tant besoin d'être rassurée : elle ne vit que dans l'espoir d'être aimée et il faut le lui répéter constamment.

Un jour, Tex avait essayé de lui faire comprendre qu'il n'avait pas besoin de lui déclarer son amour parce que sa présence à ses côtés le lui signifiait déjà. Elle ne l'a pas vraiment entendu.

L'un de ses amis a voulu l'emmener passer les vacances d'été dans sa famille, à Vidauban, dans le Var, mais elle préférait Monte-Carlo, parce que c'est là que Tiffany rencontre Chuck dans *Cœurs glacés sur la Riviera*. Ils s'y sont rendus un jour ; elle a rêvé devant les Ferrari® stationnées près du casino (dans *L'Amour plus fort que tout*, Bruce roule en Ferrari®).

Un jour de désespoir et de lucidité, Anne s'est débarrassée de tous ses romans, romans-photos et magazines *people*. Une amie lui a proposé de s'inscrire dans une chorale. De sa belle voix d'alto, elle a chanté Vivaldi, Mozart, Schubert… et s'est sentie moins vide.

C'est là qu'elle a rencontré Jonathan. Ils sont ensemble depuis trois ans… Ils ne se sont jamais dit qu'ils s'aiment ; ils aiment simplement les mêmes choses.

Les icônes qu'on ne rencontre jamais

L'espérance est tapie au cœur de l'amour naissant, elle appartient à sa nature même. Nous espérons rencontrer l'âme sœur ; nous espérons être heureux, et nous nous imaginons ce bonheur. L'espérance et l'imagination comblent ainsi le vide des existences en quête d'amour.

L'AMOUR NE DOIT RIEN AU HASARD

C'est paradoxalement à partir de la rencontre amoureuse que la situation se complique notoirement.

Il ou elle nous plaît, nous lui plaisons également, il s'agit *a priori* d'un événement heureux. Et pourtant l'autre, quel qu'il soit, est dérangeant par sa réalité même : il est ce qu'il est, mais il n'est que cela.

Ou bien nous acceptons cette réalité : nous nous « contentons » de ce partenaire qui ne pâlit pas trop au regard de l'être de nos rêves (qui lui, comme chacun le sait, était parfait).

Ou bien cette personne souffre trop de la comparaison, alors même que lors d'une relation naissante chacun se présente sous son jour le plus favorable.

C'est dans le premier cas l'option « réaliste » qui permet en tout cas d'échapper à la solitude. Le second cas verra l'abandon de ce lien naissant, sacrifié sur l'autel du rêve. Peut-être la personne qui réagit ainsi est-elle une rêveuse impénitente, déconnectée de la réalité. On parle ainsi de « bovarysme », en référence au célèbre personnage de Flaubert[1].

Nourrie des lectures romanesques qui lui parvenaient au couvent, Emma Bovary s'est mariée en croyant aimer : « Avant qu'elle se mariât, elle avait cru avoir de l'amour ; mais le bonheur qui aurait dû résulter de cet amour n'étant pas venu, il fallait qu'elle se fût trompée, songeait-elle. Et Emma cherchait à savoir ce que l'on entendait au juste dans la vie par les mots de *félicité*, de *passion* et d'*ivresse*, qui lui avaient paru si beaux dans les livres. »

---

1. FLAUBERT G., *Madame Bovary* (1857).

LE GRAND AMOUR : UN MYTHE DÉCHU ?

À la décharge de l'héroïne, force est de constater que sa tendance compulsive à la rêverie et à l'insatisfaction est renforcée par l'attitude de son mari ; la tendresse et la fierté qu'il éprouve à l'égard de sa femme ne compensent pas sa médiocrité générale[1].

Il embrasse sa femme « à de certaines heures. C'était une habitude parmi les autres, et comme un dessert prévu d'avance, après la monotonie du dîner ». Il s'endort en lisant son journal, il se laisse quelque peu humilier par un confrère. Et la réaction d'Emma Bovary résume tout : « Quel pauvre homme ! » Le problème est qu'elle n'a aucune admiration pour son mari. Son amour reflue alors vers les images de ceux qu'elle admire sans les connaître et sans pouvoir les fréquenter, ceux qui évoluent avec élégance dans les cercles raffinés du « beau monde » : dandys noctambules, ambassadeurs titrés, artistes et écrivains renommés...

Emma Bovary s'enferme ainsi progressivement dans le mépris de la réalité rustique qui l'environne, et dans l'adoration de personnages idéalisés – si possible parisiens.

L'amour rêvé

Une version moderne du « bovarysme » nous est offerte par Kaufmann[2] à travers l'analyse d'un corpus de 154 témoignages de femmes vivant seules. Cette étude fait bien apparaître le dilemme qu'il peut y avoir à renoncer à ses rêves pour des relations perçues comme insipides.

---

1. « La conversation de Charles était plate comme un trottoir de rue, et les idées de tout le monde y défilaient, dans leur costume ordinaire, sans exciter d'émotion, de rire ou de rêverie. Un homme, au contraire, ne devait-il pas tout connaître, exceller en des activités multiples, vous initier aux énergies de la passion, aux raffinements de la vie, à tous les mystères ? Mais il n'enseignait rien, celui-là, ne savait rien, ne souhaitait rien ».
2. KAUFMANN J.-C., *La femme seule et le prince charmant. Enquête sur la vie en solo.*

La vie « en solo » est en effet une sorte d'impossible compromis entre trois séries d'exigences :

- Tout d'abord, il y a la nécessité de répondre devant le corps social de sa situation au regard de la norme : il y a un âge où il n'est pas « normal » de vivre seule, un autre où il n'est pas « normal » de n'être pas mariée, un autre enfin où il n'est pas « normal » de ne pas avoir d'enfant.
- Par ailleurs, la vie en solo apportant liberté et autonomie, les célibataires apprécient leur quiétude et peuvent difficilement envisager de la sacrifier sur l'autel de la famille traditionnelle, du dévouement à un mari. L'« irrépressible injonction à être soi » leur fait redouter l'abandon d'une partie d'elles-mêmes qui serait la conséquence de la vie en couple.
- Enfin, le mythe de l'amour, l'attente d'un « prince charmant » parfait à tous points de vue conditionne le maintien du *statu quo* : « L'homme absolument parfait, sinon rien. » L'amour est ainsi censé tomber du ciel, il suffit de l'attendre.

Ces femmes célibataires, sujettes à l'« hypertrophie du rêve » et au « gonflement de leurs attentes », hésitent à perdre leur liberté pour des hommes qui ne sont pas à la hauteur, effrayées qu'elles sont par ceux qu'elles ont déjà connus et par les déboires conjugaux de leurs amies.

Kaufmann considère qu'il y a ici émergence d'un nouveau modèle conjugal, d'une « conjugalité non cohabitante » ou « autonomie accompagnée », dans laquelle chacun préserve son individualité et n'apporte à l'autre que le meilleur de lui-même.

Nous avons tous une tendance individuelle à nous projeter en imagination vers le monde idéal qui nous arracherait à la banalité des réalités prosaïques. Mais le rêve qui occupe nos vies est aussi une construction sociale. Il est véhiculé par les médias sous la forme des histoires d'amour idéales que nous avons évoquées précédemment. Il s'impose au travers des images à la fois parfaites et artificielles de top-modèles omniprésentes qui, insensiblement, s'installent dans notre esprit et deviennent des références incontournables.

Comment ne pas comparer la personne que l'on a récemment rencontrée à ces images envahissantes qui donnent le ton de la norme sociale, de ce qu'il faut être, et surtout, paraître ?

Or il ne faut pas oublier qu'à la base, une forte sélection est déjà opérée pour trouver les mannequins placardés à chaque coin de rue. Les logiciels modernes sont ensuite mis à contribution pour améliorer et rectifier l'image, afin que celle-ci soit parfaite. Le caractère longiligne d'un corps ou sa musculature est accentué, le grain de la peau est lissé, de nouvelles couleurs d'yeux sont inventées…

Tout cela permet de créer une génération de malheureux – et plus particulièrement de malheureuses – éternellement complexés de ne pas être à la hauteur de ces représentations falsifiées, de ces icônes que personne n'a jamais rencontrées parce qu'elles n'ont d'existence que virtuelle.

Le contraste entre les espérances et la réalité d'une relation peut donc conduire à un choix délicat : ou bien l'on opte pour le pragmatisme, en laissant de côté ses prétentions déraisonnables ; ou bien l'on maintient ses attentes, ses exigences, dans l'espoir de les voir peut-être se concrétiser un jour.

Les deux situations peuvent engendrer un certain mal-être : d'un côté l'acceptation d'une réalité frustrante, et de l'autre un sentiment d'incomplétude dans la vie quotidienne.

Ce débat est en réalité biaisé, car l'issue la plus fréquente à ce dilemme est ailleurs. La plupart des gens résolvent le problème en transformant leur perception de la réalité, c'est-à-dire :

- en idéalisant à la fois leur partenaire, leur relation et eux-mêmes ;
- en fermant les yeux sur tout ce qui viendrait remettre en question cette vision protectrice de la relation et du conjoint.

Chapitre

Les illusions qui sauvent l'amour

L'amour serait ainsi à la fois aveugle et clairvoyant : aveugle (et sourd également, d'ailleurs) pour refuser de voir ternir l'image rassurante et gratifiante projetée sur le conjoint, et clairvoyant lorsqu'il sait deviner – au-delà des illusions positives – les qualités cachées et le devenir futur de l'être aimé.

Le désir de ne pas voir

Nombre d'auteurs se sont posé la question d'une éventuelle relation entre le bonheur éprouvé par des partenaires amoureux, et la capacité empathique qui consiste à « lire » efficacement les pensées et les sentiments de l'autre.

On pourrait croire que l'aptitude à décoder les pensées et les états émotionnels d'autrui est une caractéristique propre à certaines personnalités.

Certains individus y parviendraient, tandis que d'autres se montreraient malhabiles à saisir les subtilités de la vie intérieure d'autrui.

La question est en réalité plus complexe. Nous comprenons certaines personnes tout en nous interdisant d'en comprendre d'autres. Il a en effet été démontré[1] que des époux malheureux comprennent moins bien leur partenaire qu'un étranger. Dans les couples malheureux, en effet, les conjoints perçoivent moins facilement les intentions positives de leur partenaire ; ils se méprennent quant au ton affectif de messages non verbaux émis par leur partenaire.

C'est ici un résultat inattendu, car le sens commun nous amènerait à supposer que des conjoints (donc des personnes qui se connaissent bien) devraient plus facilement reconnaître et interpréter leurs réactions, leurs mimiques ou leurs attitudes respectives.

La question en suspens est alors de savoir s'ils sont malheureux parce qu'ils ont épousé quelqu'un qu'ils ne comprennent pas et qui ne les comprend pas, ou bien s'ils refusent de s'intéresser à leur conjoint, d'essayer de le comprendre, parce qu'ils ne l'aiment déjà plus.

D'autres auteurs ont mis en évidence une relation négative entre empathie et satisfaction. Les conjoints heureux auraient une conception optimiste et irréaliste de leur relation, tandis que les plus malheureux en auraient une représentation plus réaliste, mais aussi plus triste[2].

---

1. NOLLER P., "Gender and Marital Adjustment Level Differencies in Decoding Messages from Spouses and Strangers", *Journal of Personality and Social Psychology*.
2. Dans des situations de conflit aigu, par exemple, les couples où l'intimité et le bonheur sont les plus élevés manifestent peu d'empathie (SILLARS A. L., SCOTT M. D., "Interpersonal Perception Between Intimates: an Integrative Review", *Human Communication Research*). Des couples malheureux tendent, davantage que des couples heureux, à s'accorder sur le fait que des messages transmis lors de leurs propres interactions ont un ton positif, ou négatif (FLOYD F. J., "Couple's Cognitive/Affective Reactions to Communication Behaviors", *Journal of Marriage and the Family*).

LES ILLUSIONS QUI SAUVENT L'AMOUR

Pour dépasser ces contradictions apparentes, on a émis l'hypothèse[1] que les qualités empathiques sont bénéfiques dans le couple quand elles amènent les partenaires à mieux se comprendre dans des contextes anodins ; elles deviendraient toxiques en revanche quand c'est l'angoisse et le conflit qui sont ressentis.

Par ailleurs, l'empathie ne s'accroît que très faiblement au cours de la vie d'un couple : elle progresse au début d'une relation pour se stabiliser rapidement[2] :

- Lorsque l'amour survient, nous sommes fortement motivés pour connaître l'autre, ses réactions, ses attentes, ce qu'il pense de nous.
- Néanmoins, l'état amoureux est peu propice à une compréhension objective ou raisonnée de l'autre : nous avons peur de ne pas être aimés, nous sommes émus, impressionnés, obsédés par son image. Tout cela trouble la perception que nous avons de l'autre. Dans *Les Liaisons dangereuses*, Choderlos de Laclos prête à la marquise de Merteuil ces propos : « Ce n'est pas à l'illusion d'un moment, à régler le choix de notre vie. En effet, pour choisir, il faut comparer ; et comment le pouvoir, quand un seul objet nous occupe ; quand celui-là même on ne peut le connoître, plongé que l'on est dans l'ivresse et l'aveuglement ? »

---

1. SILLARS A. L., PIKE G. R., JONES T. S., MURPHY M. A., "Communication and Understanding in Marriage", *Human Communication Research*.
2. Maisonneuve remarque qu'on n'observe à travers le temps « qu'un très faible accroissement du degré de clairvoyance affective » (MAISONNEUVE J., *Psycho-sociologie des affinités*). Swann et Gill notent même « une tendance à rompre les relations caractérisées par un manque d'acuité, donnant ainsi l'illusion que dans des relations plus anciennes, les gens ont développé de plus en plus d'acuité, alors qu'ils n'en ont pas davantage qu'autrefois » (SWANN W. B., GILL M. J., "Confidence and Accuracy in Person Perception: Do We Know what We Think We Know about our Relationship Partners?", *Journal of Personality and Social Psychology*). La tendance (légère) à manifester plus d'acuité perceptive, lorsque la relation est plus ancienne, refléterait en fait une capacité d'empathie plus basse, dans des couples nouvellement formés, qu'entre des étrangers, pour revenir à des niveaux comparables lorsque le couple se maintient.

- Lorsque la passion retombe, nous connaissons l'autre mieux qu'au début de la relation, mais des habitudes déjà se sont installées qui rendent plus opaque le processus d'empathie : il est en effet plus facile d'interpréter un comportement spontané qu'un comportement routinier. De plus, l'amour faiblissant quelque peu, des griefs commençant à se faire jour, nous avons moins envie de décoder chaque geste et chaque expression de notre partenaire.

L'empathie reste, à toutes les étapes de la relation, parfaitement sélective. Nous voyons ce qui nous conforte dans l'idée que l'autre nous aime et nous éludons ce qui menace notre relation (lorsque nous sommes heureux en couple, car c'est l'inverse pour ceux qui vivent plutôt mal leur relation).

Fermer les yeux pour vivre heureux

Dans une étude de Simpson, Ickes et Blackstone[1], le sentiment amoureux de partenaires non mariés est mis à l'épreuve.

Menaces sur le couple

On demande aux participants d'évaluer, en présence de leur partenaire habituel, des photographies de différentes personnes à la beauté et au *sex-appeal* plus ou moins prononcés. Ils savent qu'on leur demandera peut-être par la suite de mener des « entretiens en privé » avec la ou les deux personnes qu'ils auront préférée(s). Ils discutent ensuite brièvement de leurs évaluations et ces entretiens sont filmés.

Par la suite, chacun des partenaires visionne ce film en mentionnant, séquence par séquence, les pensées et les sentiments qui le traversaient alors, et ce qu'il imagine comme pensées et sentiments chez son conjoint.

---

1. SIMPSON J. A., ICKES W., BLACKSTONE T., "When the Head Protects the Heart: Empathic Accuracy in Dating Relationships", *Journal of Personality and Social Psychology*.

Ces déclarations sont ensuite comparées, ce qui permet de savoir précisément si les partenaires se comprennent, s'ils devinent ce que l'autre ressent.

On se rend compte que ceux qui devinent le moins les sentiments et les pensées de l'autre (minimum d'empathie) font partie des couples :
- les plus intimes ;
- les plus incertains quant à l'avenir de leur relation ;
- et ceux ayant évalué des personnes-stimulus très attirantes.
(L'effet de ces trois dimensions est cumulatif).

Ces résultats s'expliqueraient par la peur ressentie lorsque l'on croit sa relation amoureuse menacée. Ceux qui ressentent le plus cette menace sont ceux qui dépendent fortement de leur partenaire, qui ne sont pas certains de sa fidélité, et qui se trouvent confrontés à un étranger qui semble mettre en danger leur relation actuelle. Ils choisissent alors de ne pas percevoir, chez leur conjoint, les signes éventuels qui confirmeraient leurs craintes.

Les anxieux-ambivalents

Ce phénomène s'inverse lorsqu'il s'agit d'individus considérés comme « anxieux-ambivalents » – dans le cadre de la théorie de l'attachement de Bowlby[1] (voir chapitre 7). Ceux-ci, ayant un passé relationnel difficile, n'ont pas intériorisé l'image de personnes leur prodiguant un soutien émotionnel fiable et durable, ni celle de rejets catégoriques ; ils sont donc partagés entre des espoirs et une attitude faite de prudence et d'appréhension.

Simpson, Ickes et Grich[2] font alors l'hypothèse que ces personnes sont les plus susceptibles de manifester de l'hypervigilance et de l'empathie dans leurs relations à autrui et, singulièrement, surtout lorsque leur relation paraît menacée.

---

1. BOWLBY J., *Attachement et perte*.
2. SIMPSON J. A., ICKES W., GRICH J., "When Accuracy Hurts: Reactions of Anxious-Ambivalent Dating Partners to a Relationship-threatening Situation", *Journal of Personality and Social Psychologye*.

Dans une expérience proche de la précédente, les auteurs demandent à de jeunes couples non mariés, se fréquentant depuis seize mois en moyenne, d'assister à la projection de douze diapositives figurant au total six hommes et six femmes, dont ils doivent évaluer oralement le degré de beauté et d'attractivité sur le plan sexuel. On leur précise qu'ils pourraient être appelés à interviewer par la suite l'une des deux personnes préférées. La suite de l'expérience est similaire à la précédente.

Les résultats indiquent que les participants les plus anxieux-ambivalents sont effectivement les plus vigilants et les plus précis dans leurs suppositions relatives à l'état intérieur de leur partenaire. Ils déclarent avoir éprouvé au cours de l'expérience davantage de peur et de détresse que les autres participants. Ils manifestent par la suite plus d'instabilité dans leur relation (celle-ci a plus souvent pris fin quatre mois après l'expérience).

Les anxieux-ambivalents utilisent leur clairvoyance de manière négative par rapport à la stabilité de leur couple : ils scrutent anxieusement les réactions de leur partenaire, à la recherche d'informations qui sont de nature à les faire souffrir et à nuire à leur relation.

Signalons un dernier fait significatif : l'*impression* (ou l'illusion) qu'ont les époux de se comprendre est liée à la satisfaction qu'ils éprouvent à l'égard de leur relation ou au sentiment d'affection mutuelle[1].

En revanche, la compréhension *réelle* de l'autre est inversement liée à de tels facteurs. Ceux qui comprennent réellement le mieux leur partenaire sont les moins satisfaits de leur relation. Inversement, on a montré[2], au sein de couples mariés et non mariés, que les sujets les plus « égo-

---

1. Sillars A. L., Pike G. R., Jones T. S., Murphy M. A., "Communication and Understanding in Marriage", *Human Communication Research*.
2. Murray S. L., Holmes G. J., Bellavia G., Griffin D. W., Dolderman D., "Kindred Spirits? The Benefits of Egocentrism in Close Relationships", *Journal of Personality and Social Psychology*.

centriques », c'est-à-dire ceux qui ne perçoivent leur partenaire qu'en fonction de l'image qu'ils ont d'eux-mêmes, sont aussi les plus heureux et ceux qui signalent le moins de conflits.

Être réellement compris par son partenaire n'implique pas que l'on se *sente compris*, ni que l'on s'épanouisse dans le couple. En revanche, *se sentir compris* est bien un signe annonciateur de satisfaction.

La rencontre de l'idéal

L'amour ne peut se contenter de fermer les yeux sur ce qui le gêne. Il n'existe que dans l'attention, dans la contemplation de ce qui est beau, idéal, digne d'être aimé.

Trois mécanismes peuvent ainsi s'observer :
- nous *projetons* sur la personne aimée l'image de ce que nous voudrions devenir ;
- ou nous *pressentons* chez elle des qualités latentes ;
- ou nous *discernons* ces qualités qui suscitent notre attrait ou notre admiration.

L'amour a besoin d'admirer l'objet de son choix, quitte à le parer lui-même des vertus qui rendront cet amour légitime.

On en trouve un merveilleux exemple chez Molière, dans *Le Misanthrope* (acte II, scène V).

> *Et l'on voit les amants vanter toujours leur choix ;*
> *Jamais leur passion n'y voit rien de blâmable,*
> *Et dans l'objet aimé tout leur devient aimable ;*
> *Ils comptent les défauts pour des perfections,*
> *Et savent y donner de favorables noms.*

L'AMOUR NE DOIT RIEN AU HASARD

La pâle est aux jasmins en blancheur comparable ;
La noire à faire peur, une brune adorable ;
La maigre a de la taille et de la liberté ;
La grasse est dans son port pleine de majesté ;
La malpropre, sur soi de peu d'attraits chargée,
Est mise sous le nom de beauté négligée ;
La géante paraît une déesse aux yeux ;
La naine, un abrégé des merveilles des cieux ;
L'orgueilleuse a le cœur digne d'une couronne ;
La fourbe a de l'esprit, la sotte est toute bonne ;
La trop grande parleuse est d'agréable humeur,
Et la muette garde une honnête pudeur.
C'est ainsi qu'un amant dont l'ardeur est extrême
Aime jusqu'aux défauts des personnes qu'il aime.

Cette tendance est fréquemment nommée « cristallisation », en référence à la célèbre métaphore stendhalienne[1] : « Aux mines de sel de Salzbourg, on jette dans les profondeurs abandonnées de la mine, un rameau d'arbre effeuillé par l'hiver ; deux ou trois mois plus tard, on le retire couvert de cristallisations brillantes, les plus petites branches, celles qui ne sont pas plus grosses que la patte d'une mésange, sont garnies d'une infinité de diamants, mobiles et éblouissants ; on ne peut plus reconnaître le rameau primitif. Ce que j'appelle cristallisation, c'est l'opération de l'esprit qui tire de tout ce qui se présente la découverte que l'objet aimé a de nouvelles perfections. […] Un homme passionné voit toutes les perfections dans ce qu'il aime. »

---

1. STENDHAL, *De l'amour* (1822).

Transformer les fautes en vertus

Murray et Holmes[1] examinent la manière dont des individus non mariés, âgés d'environ vingt ans et se fréquentant depuis près d'un an en moyenne, préservent leur conception idéalisée de leur partenaire lorsqu'ils prennent conscience d'une faute de sa part.

On demande tout d'abord aux participants de décrire la manière dont leur partenaire initie des conflits lors d'activités communes ; ils constatent qu'ils ont peu à raconter. On leur fait alors lire un article d'une revue de psychologie, expliquant que la tendance à engager des conflits est favorable au développement de l'intimité dans les couples.

On demande ensuite à chacun d'évaluer, sur une échelle en neuf points, la tendance générale de son partenaire à initier des conflits, puis de rédiger un texte décrivant comment ce dernier facilite ou freine la progression de l'intimité dans leur couple.

Les résultats indiquent que les participants surévaluent la tendance de leur partenaire à déclencher des conflits (par rapport à des personnes n'ayant pas lu l'article). Par ailleurs, ils réinterprètent cette « faute », en la faisant passer pour une vertu : une femme pourra dire, par exemple, que son conjoint ne provoque jamais de conflit parce qu'il l'aime et ne veut pas la blesser.

D'une façon analogue, on amène des personnes à croire qu'il est bon pour le couple de s'intéresser aux différences entre partenaires, juste après leur avoir fait prendre conscience qu'il y avait entre eux beaucoup de ressemblances et très peu de différences.

Ces personnes surévaluent alors ces différences, et reconsidèrent de « fâcheuses » ressemblances, de manière à embellir la réalité. Par exemple, si les deux partenaires ont la même attitude de méfiance envers une nouvelle relation, l'un pourra ajouter : « C'est différent, lui a peur de la solitude, tandis que moi, j'ai peur du rejet. » La ressemblance est réinter-

---

1. MURRAY S. L., HOLMES J. G., "Seeing Virtues in Faults: Negativity and the Transformation of Interpersonal Narratives in Close Relationships", *Journal of Personality and Social Psychology*.

prêtée de manière à faire valoir une différence, car l'individu croit qu'une différence attestera de la valeur de son partenaire et de la qualité de leur relation.

Une autre possibilité consiste à admettre la « faute » du partenaire, tout en la reconsidérant avec indulgence : « ... mais c'est en train de changer et nous devenons chaque jour plus proches. »

Voir l'idéal pour vivre l'idéal

Une autre étude appréhende encore plus directement le phénomène d'illusion positive dans les couples : Murray, Holmes et Griffin[1] demandent aux membres de couples, mariés ou non mariés, de se décrire eux-mêmes, puis de décrire leur partenaire, le partenaire idéal et enfin le partenaire-type, à l'aide d'une série d'adjectifs positifs ou négatifs (gentil, ouvert, compréhensif, critique, irrationnel, etc.).

Ils constatent que les individus mariés, ou simplement engagés dans une relation, évaluent leur partenaire plus positivement que ce partenaire ne se perçoit lui-même. Ils décrivent aussi leur partenaire plus positivement que le partenaire-type. De plus, chacun s'auto-idéalise en s'attribuant des traits plus favorables que ceux du partenaire-type.

On peut donc dire qu'il existe une certaine charge d'illusions positives par rapport à soi-même, mais que le partenaire ajoute encore à cette illusion.

Ce phénomène ne s'estompant pas lorsque l'on passe de couples non mariés à des couples mariés, on voit que l'idéalisation, contrairement à

---

1. MURRAY S. L., HOLMES J. G., GRIFFIN D. W., "The Benefits of Positive Illusions: Idealization and the Construction of Satisfaction in Close Relationships", *Journal of Personality and Social Psychology*.

la croyance commune, n'est pas l'apanage des amoureux de fraîche date[1]. Ceux-là font souvent sourire : on regarde avec indulgence leurs rêveries poétiques, on pardonne volontiers leur tendance à se percevoir comme des êtres rares et irremplaçables...

Mais les gens « raisonnables » sont autant dans l'erreur, leur vue se limite aux réalités ordinaires qui peu à peu corrodent le sentiment amoureux. Car nous serons d'autant plus satisfaits d'une relation que nous l'alimenterons d'illusions positives à l'égard de notre conjoint.

Et vous ?

Il faut savoir qu'il sera plus facile de maintenir l'idée que notre partenaire est la « bonne personne » :
- si nous parlons plutôt de nous-mêmes ;
- si nous privilégions les échanges relatifs aux domaines qui ne fâchent pas ;
- si nous évitons de nous focaliser sur les manifestations d'humeur négative.

Les zones du conjoint restant obscures sont alors comblées par les modèles idéaux et/ou stéréotypés des relations hommes/femmes. Puisque, somme toute, nos performances en matière de compréhension d'autrui restent généralement fort modestes, il nous suffit de puiser dans notre représentation de la femme ou de l'homme idéal. Fusionnant le concept général (les hommes en général/les femmes en général) et le spécimen particulier (notre conjoint), il nous est alors possible d'avoir l'impression de connaître ce dernier, et de vivre heureux auprès d'une image idéalisée.

---

1. Dans la recherche précédente, 60 couples sur 82 étaient mariés. La moyenne d'âge était de 30,5 ans, la durée de vie moyenne du couple de 6,5 ans. 33 couples sur 82 avaient au moins un enfant.

L'idéalisation, loin des clichés relatifs aux amoureux « sur un nuage rose », apparaît finalement comme une dimension cruciale des relations amoureuses. Elle est loin de se limiter à l'éblouissement passager suscité par un nouveau visage. Tout au contraire, elle semble prédire le bonheur futur du couple et sa stabilité. On peut l'assimiler à un besoin fondamental de rêve et d'optimisme, s'opposant aux effets destructeurs des désillusions et des obstacles quotidiens.

On peut y voir également un moyen de rehausser son estime de soi, laquelle est liée à celle du conjoint : plus notre partenaire est prestigieux, intelligent, etc., plus nous devons avoir nous-mêmes de valeur – selon la règle implicite d'homogamie.

L'idéalisation apparaît aussi comme une nécessité car les relations amoureuses présentent un certain « coût » : on donne de soi-même, on donne son amour, son affection, son temps, on mise sur ce partenaire et sur cette relation. Aussi cet investissement n'est-il envisageable que s'il ne se fait pas « à perte », dans une relation sans lendemain et pour un partenaire qui n'en vaut pas la peine. C'est pourquoi la cécité relationnelle fonde la motivation à se lancer dans la prise de risque que constitue le couple, qui n'est somme toute la plupart du temps que la rencontre de deux inconnus.

Lorsque des personnes mariées sont interrogées sur l'avenir de leur relation[1], 45 % estiment que leur probabilité de divorce est égale à 0 %, 89 % la situent à 25 % ou moins. Parmi des célibataires, 55 % estiment que s'ils se mariaient un jour (ce qu'ils supposent en général quasi-certain), la probabilité pour qu'ils divorcent serait alors de 0 % ; ils sont presque 100 % à spéculer que leur propre mariage serait qualitativement supérieur aux mariages en général.

---

1. FOWERS B.J., LYONS E., MONTEL K.H., SHAKED N., "Positive illusions about marriage among married and single individuals", *Journal of Family Psychology*.

Innocence, naïveté, ou finalement, simple logique ? Car pourquoi se marier si l'on estime que son mariage tournera à l'échec ? À quoi bon s'adonner à l'amour, si l'issue prévisible est un naufrage conforme aux statistiques ?

En définitive, l'idéalisation apparaît comme une tendance spontanée, salutaire de plus à la vie du couple. Elle trouve cependant ses limites lorsque nous glanons ça et là, au fil d'une relation, des preuves que l'autre a plus d'amour pour lui que pour nous, ou que sa valeur personnelle est à rechercher avec des jumelles à fort pouvoir grossissant.

Et vous ?

L'amour est moins irrationnel qu'il n'y paraît. Il se nourrit des qualités du partenaire, les exagère parfois en idéalisant. Mais il ne peut tout inventer, tout imaginer ; il lui faut au moins un socle de qualités *réelles* pour prendre son envol.

À ceux qui commencent à s'aimer et qui se demandent s'ils ont trouvé « la » bonne personne, nous conseillons de dresser deux listes :

- les qualités de l'autre qui suscitent le fantasme (physique exceptionnel, excellente situation, PDG d'une société...) ;
- ses qualités personnelles qui font apprécier quotidiennement sa présence (un bon caractère, quelqu'un qui n'est pas perpétuellement vexé, agressif, quelqu'un de compréhensif, quelqu'un qui sait pardonner...).

Ce sont ces qualités « discrètes » qui peuvent assurer le bonheur d'une relation. Nous les qualifions de discrètes parce qu'elles sont souvent méprisées. Il n'est besoin que de considérer les scénarios de films et téléfilms récents pour constater combien l'on met en scène de héros qui s'emportent violemment dans au moins une scène sur deux (y compris, d'ailleurs, les scènes d'amour), claquent les portes, rompent toute relation avec leurs amis de toujours... Le spectaculaire est plus « vendeur » que la vie paisible, mais les spectateurs finiront bien par comprendre qu'il est difficile de vivre avec de telles personnes.

Il existe ainsi deux notions : fantasmer et idéaliser. La première assurera le bonheur et le rêve d'un instant, la seconde détournera notre attention des détails médiocres du quotidien et « cristallisera » de beauté les qualités encore imparfaites de notre partenaire.

Roxane – ou comment ne voir que le bon côté des choses

Roxane a trente ans. Elle est la fille du propriétaire d'une galerie d'art parisienne. Invitée à tous les vernissages, à tous les cocktails, elle connaît très bien le marché de l'art et ses acteurs. L'un d'entre eux tout particulièrement, car elle vit depuis deux ans avec Fabrice, prodige de l'art contemporain, promoteur génial de l'art éthique, considéré par la critique comme le Rembrandt du XXIe siècle. Sa dernière œuvre amalgame en une désespérance hallucinée des arabesques de vomissures au tracé fulgurant (symbole du désarroi conceptuel de l'Occident en crise), des seringues usagées (rappel des dépendances toxicomaniaques et des ravages du sida), des emballages plastiques vides mais encore huileux (allusion saisissante au problème de la malnutrition dans le monde et des déséquilibres entretenus par les multinationales de l'agroalimentaire), sur fond de camaïeux anthracite (symbole de l'omniprésence des idées rétrogrades).

Roxane est flattée d'être vue au bras de ce prodigieux artiste, dont les œuvres s'arrachent à prix d'or dans les galeries les plus prestigieuses. Elle a supporté docilement ses sautes d'humeur (les génies sont tellement tourmentés…), sa méchanceté, ses railleries. Depuis qu'il a aperçu dans la chevelure de sa compagne quelques cheveux blancs, il l'appelle « Mamie ». Il dénigre tout ce qu'elle entreprend.

Un jour, durant un vernissage, elle a rencontré Alexandre. Ils ont sympathisé et il l'a invitée à se rendre dans un petit local de banlieue où il expose quelques œuvres : des paysages, des arbres, des fleurs… Tout ce que la critique juge dépassé et ringard ; rien de ce que les médias promeuvent et encensent. Et pourtant, en voyant ces tableaux, Roxane a pensé qu'ils finiraient dans des musées nationaux, et que ceux de Fabrice retourneraient vers les poubelles d'où, somme toute, ils ont émergé. Plus qu'une impression, c'était une certitude, une intuition.

Alexandre s'est intéressé à Roxane, il l'a encouragée dans ses projets. Ils se sont revus. Elle a fini par penser qu'un peintre qui choisit une voie socialement sans issue, qui est hors norme et qui ne peut compter que sur un talent très supérieur pour être à terme reconnu, celui-là est vraiment un homme. Plus que celui qui apprend la leçon toute faite de l'art préconisé et récompensé… et dont le talent, au fond, est très hypothétique. Celui-là n'a que le talent de se soumettre, et de se venger sur ceux qui l'entourent.

Alexandre et Roxane sont heureux ensemble ; il n'a jamais remarqué ses quelques cheveux blancs. Elle l'idéalise en voyant en lui un grand artiste encore inconnu. Ce n'était plus le cas depuis longtemps avec Fabrice, car son cynisme et son égoïsme étaient un piètre support à la projection du « moi idéal » de Roxane. Quand rien n'est digne d'être aimé, on cesse fatalement d'aimer. De plus, la reconnaissance sociale ne peut être prise pour l'indice de la valeur propre d'une personne que de façon passagère.

Roxane réinterprète une faute (se positionner sur un créneau artistique « dépassé ») sous l'angle de qualités (des dons supérieurs et un caractère fort et indépendant).

Alexandre ne voit pas ou n'attache aucune importance aux détails déplaisants de la vie quotidienne qui faisaient les délices de Fabrice (comme un petit défaut physique). Il n'a présent à l'esprit que la loyauté et la confiance de Roxane envers lui.

Roxane se projette dans l'avenir et pressent la notoriété future d'Alexandre, que personne d'autre n'entr'aperçoit.

Chapitre 10

Mode d'emploi pour un atterrissage réussi

Les inclinations naissantes, après tout, ont des charmes inexplicables, et tout le plaisir de l'amour est dans le changement. On goûte une douceur extrême à réduire, par cent hommages, le cœur d'une jeune beauté, à voir de jour en jour les petits progrès qu'on y fait, à combattre par des transports, par des larmes et des soupirs, l'innocente pudeur d'une âme qui a peine à rendre les armes, à forcer pied à pied toutes les petites résistances qu'elle nous oppose, à vaincre les scrupules dont elle se fait un honneur et la mener doucement où nous avons envie de la faire venir. Mais lorsqu'on en est maître une fois, il n'y a plus rien à dire ni rien à souhaiter ; tout le beau de la passion est fini, et nous nous endormons dans la tranquillité d'un tel amour, si quelque objet nouveau ne vient réveiller nos désirs, et présenter à notre cœur les charmes attrayants d'une conquête à faire.

Molière, *Dom Juan ou le Festin de Pierre* (acte I, scène II).

Le discours de Dom Juan est-il essentiellement cynique, ou réaliste ? Le héros cherche bien sûr à justifier son inconduite, ses infidélités sans nombre (« La constance n'est bonne que pour des ridicules »). Mais parallèlement à cela, le constat de l'attrait puissant d'un nouveau visage paraît irréfragable, comme l'est celui de l'usure des relations. La passion a un point culminant, en général rapidement atteint, puis va en déclinant. Dans le meilleur des cas, elle est remplacée par une autre forme d'amour, faite de tendresse et d'attachement. Mais souvent, le sentiment initial cède la place à diverses pathologies relationnelles : conflits exacerbés, violences conjugales, haine, jalousie maladive...

Quant à l'amour à l'état naissant, il engendre lui aussi ses dérives, au premier rang desquelles pourrait figurer l'amour unilatéral – c'est-à-dire le binôme : amour importun (subi)/amour malheureux (déclaré). Nous l'avons vu, l'amour-manipulation est aussi un cas fréquent, l'amour n'étant alors qu'un alibi pour arriver à ses fins et profiter d'autrui. Car il est facile de prétendre aimer, mais plus difficile d'en donner des preuves. Et ce qui en tient lieu est souvent mensonger : c'est le clinquant du sourire de circonstances, qui donnera à croire à un homme qu'il est aimé ; c'est le bijou offert, assorti de promesses, qui donnera le change à une femme.

Tomber du nuage rose sans trop de douleur

C'est une réalité incontournable, l'amour reste rarement identique à lui-même... L'intérêt ou l'admiration, lors du premier regard, cède ensuite la place à une sympathie naissante, qui se charge d'espérances et de rêves, pour engendrer un état d'exaltation. Le désir intense de rapprochement est un terreau fertile au « passage à l'acte ». L'« expérience unique » du désir assouvi risque fort de se changer en routine obligée ; la tendresse en lassitude, voire en dégoût.

Des incompréhensions et des divergences se font jour. Surmontées, elles cimentent le couple dans la durée ; incontrôlées, elles le font entrer dans la spirale de la dislocation : on prête à l'autre des intentions négatives et l'on agit en conséquence. Le partenaire rompt alors la relation ou se venge. On le déteste. Il devient violent. Toutes ces difficultés n'empêchent pas d'être attaché à la relation et d'avoir peur d'en sortir.

C'est ainsi que l'amour s'évanouit ou se charge d'éléments étrangers. L'homme qui bat sa femme, ou celui qui lui rend la vie impossible par sa jalousie, dira que c'est parce qu'il l'aime. En tout état de cause, l'amour a changé de forme, si amour il y a. D'un amour qui voulait donner, on est passé à un amour qui fait souffrir ; d'un amour gratifiant, à un amour étouffant.

Dans des couples plus heureux, l'amour devient complicité, soutien, fidélité et, ultime métamorphose, angoisse d'être séparé de l'autre par la maladie ou la mort.

Et vous ?

> Ceux qui souhaitent faire durer une relation devraient d'abord prendre conscience dès sa naissance qu'elle se transformera et sera menacée. Ils devront comprendre ensuite que certains styles de communication sont de nature à aplanir les difficultés, tandis que d'autres auront pour effet de les exacerber. Enfin, ils doivent savoir que les « ingrédients » mêmes qui fondent la relation permettent, dans une certaine mesure, de prédire les chances de longévité du couple.

La première illusion est que, dans un couple, on s'aimera sans cesse et on se sentira toujours bien ensemble. Si le sentiment amoureux est un « art du refus de la critique[1] », le retour des éléments refoulés paraît, à long terme, inévitable : nous finissons par réaliser un jour ou l'autre que notre partenaire n'est somme toute qu'un être humain comme les autres. « En faisant le pari [...] de la durée, les partenaires sont obligés de prévoir la

---

1. KAUFMANN J.-C., *Sociologie du couple*.

conflictualisation de leur relation, et l'ajout considérable de la dimension agressive à la dimension érotique[1] ». Parallèlement, Jung observe que « quoique l'homme et la femme s'unissent, ils n'en représentent pas moins des contrastes inconciliables qui, lorsqu'ils sont activés, dégénèrent en une inimitié mortelle[2] ».

Cependant, le facteur le plus déstabilisant pour le couple n'est peut-être pas le conflit en lui-même, mais l'interprétation qui en est faite pour l'avenir du couple. Car nous serions passés d'une conception romantique de l'amour à un amour de « confluence[3] ».

Dans le premier cas, nous nous engagions pour la vie avec l'homme ou la femme « de notre vie ». Le conflit n'était donc qu'un aléa que nous supportions ou tentions de surmonter.

Dans le second cas, l'amour se situe à la confluence de deux intérêts personnels, et il suppose la satisfaction actuelle des deux partenaires. Il ne s'agit pas d'être ensemble du fait de convenances sociales ou d'une dépendance sociale ou économique, mais parce que chaque partenaire, libre de ses choix, retire des satisfactions de la relation.

On entre ainsi dans une sorte de revendication d'un droit au bonheur, à l'épanouissement personnel, à la perfection sur le plan sexuel. Si le conjoint ne peut plus procurer tout cela, il semble inconvenant de laisser perdurer une relation vide, morne, insatisfaisante. Dans ce cadre de pensée, le conflit est un motif suffisant pour se séparer, et la fidélité est un mot vide de sens. Il s'agit donc de sélectionner, si l'on croit au « grand amour », quelqu'un qui ait les mêmes valeurs que soi.

---

1. LEMAIRE J.-G., *Le couple : sa vie, sa mort*. Ce phénomène peut prendre la suite de la « lune de miel » qui, selon Lemaire, se caractérise par « l'annulation, l'exclusion par chaque partenaire de tout élément agressif à l'égard de l'autre ».
2. JUNG C. G., *L'âme et la vie*.
3. Voir GIDDENS A., *La transformation de l'intimité*.

Repérer les signaux d'alerte

Une fois le conflit survenu, certains styles de communication seront de nature à éroder les bons côtés de la relation. Car dans les couples qui se séparent, divorcent ou se déclarent insatisfaits de leur relation, c'est à une lente érosion[1] de la relation que l'on assiste en général : les aspects positifs de la vie des partenaires ont été graduellement détruits par un mode de communication caractéristique.

Quelques signes qui ne trompent pas

On constate que les éléments qui amènent deux personnes à s'aimer ou à s'unir ne sont pas forcément ceux qui permettraient à ce couple de *rester heureux*[2]. Le fait que les partenaires déclarent un grand amour l'un pour l'autre, une grande confiance, une grande attirance physique, ou perçoivent entre eux de nombreux points de ressemblance suffit à les réunir, mais non à faire durer la relation. La présence d'un certain nombre de signaux d'alerte annonce en fait que le couple risque d'avoir des difficultés ultérieurement :

- de petits désaccords se transforment en batailles pénibles avec accusations, critiques, et rappels du passé ;
- on critique ou on diminue les opinions, les sentiments ou les désirs du partenaire ;
- on prête au partenaire des intentions plus négatives qu'elles ne le sont en réalité ;
- on ne se sent pas solidaire du partenaire, on se sent seul dans cette relation et l'on se demande comment cela se passerait avec quelqu'un d'autre ;

---

1. Cette théorie de l'érosion et des modes de communication associés est exposée dans : CLEMENTS M. L. *et al.* "The Erosion of Marital Satisfaction over Time and How to Prevent It", In STERNBERG R. J., HOJJAT M., *Satisfaction in Close Relationships*.
2. *Ibid.*

- quand on discute, il y en a toujours un qui se retire de la discussion ou s'en va.

Dans des couples mariés suivis sur une période de treize ans, on constate que ceux qui présentaient tout ou partie de ces fonctionnements *avant* le mariage sont ceux qui le plus souvent ont divorcé, se sont séparés, ou sont restés ensemble mais en se disant malheureux de leur relation.

Par ailleurs, trois types de comportements semblent particulièrement à même d'empêcher les partenaires de surmonter les aléas de leur vie de couple :

- l'*escalade*, quand chacun répond à l'autre en « miroir » : avec méchanceté lorsqu'il estime être attaqué de cette manière, avec agressivité, ou avec grossièreté. L'essentiel est de « frapper toujours plus fort » que l'autre. Le ton monte assez vite et des paroles fatales à la relation, qui ne pourront être oubliées, seront souvent prononcées ;
- le *retrait*, qui consiste à éviter la confrontation. Le schéma le plus couramment étudié est celui de la paire *demande/retrait*, qui rend la situation d'autant plus tendue que l'un et l'autre s'exaltent : plus l'un se retire et refuse de communiquer, plus l'autre en est exaspéré, multiplie les questions, fait observer qu'il est normal, au sein d'un couple, que l'on communique et que l'on « se dise tout »... Et plus cette demande est pressante, plus l'autre s'enferme dans son silence ;
- l'*invalidation*, qui réfère à la tendance, lorsque l'on est en colère, à critiquer ou à attaquer le partenaire sous un angle personnel, à dénigrer ses qualités, à s'offusquer de ses défauts, et à lui dénier toute valeur personnelle.

Ce sont ces modes de relation qui viendraient éroder petit à petit l'amour et la joie d'être ensemble, éprouvés au début d'une relation amoureuse. Les couples au sein desquels les partenaires se disent heureux de leur relation se caractérisent par l'absence de ces comportements. Ils ont notamment la capacité d'adoucir la relation, d'« arrondir les angles » : en évitant de répondre à une maladresse par une agression, en prêtant à l'autre des intentions positives. Ainsi des conjoints satisfaits de leur relation perçoivent-ils les comportements « fâcheux » de leur partenaire comme résultant de causes indépendantes de sa volonté. Une épouse heureuse aura tendance à attribuer le manque d'intérêt de son mari à son égard à des soucis professionnels, tandis que l'épouse malheureuse expliquera ce même comportement par un manque d'amour de la part de son mari. Dans ce dernier cas, le partenaire est de plus remis en cause de façon globale et « définitive »… Il est alors perçu comme responsable de ses actes, blâmables et aux motivations égoïstes.

Et vous ?

> C'est là une réalité de l'amour : si, dès le début d'une relation, nous prêtons fréquemment à l'autre des intentions égoïstes ou négatives, ou si le couple fonctionne sur le mode de l'escalade, du retrait ou de l'invalidation, il vaut mieux partir en quête d'un autre partenaire… à moins d'aimer souffrir. Il est préférable d'adopter une attitude bienveillante envers notre partenaire dès le début de la relation, de ne pas nous énerver à la moindre maladresse de sa part et de partir du principe qu'il nous veut du bien…

L'attirance fatale, ou comment programmer la fin d'une relation dès son commencement

Certaines relations s'étiolent sans autre motif apparent que l'usure due au temps qui passe, aux rêves perdus qui suscitent nostalgie et désenchantement. L'ennui et l'insatisfaction s'installent lorsque la vie du couple n'est plus qu'une suite d'habitudes et de routines, sans intensité émotionnelle ni véritable communication.

Parfois, pourtant, l'échec d'un couple peut être rattaché à certains motifs objectifs, dont l'origine remonte clairement à la naissance même de la relation. C'est le cas lorsqu'un *manque d'homogamie* est à l'œuvre : les partenaires ne se ressemblent pas suffisamment quant au choix de carrière, ou ont un écart d'âge important, ou des niveaux d'attractivité physique différents. Ils ont alors moins de chances de rester ensemble que ceux qui sont « bien assortis ».[1]

Un autre facteur de rupture tient à la perception du *manque d'équité* de la relation : l'un est un « meilleur parti » pour l'autre que l'inverse. L'un apporte beaucoup à son partenaire (un statut social, une aisance relationnelle, un physique flatteur, un niveau de revenus important...), sans retirer lui-même grand avantage de la relation. Ce type de situation est dangereux pour celui ou celle qui reçoit le plus, et se trouve à la merci d'une prise de conscience de son partenaire.

Fatale attraction

Un cas particulier d'amours interrompues est connu sous le nom d'« attirance fatale[2] ». Le mot *fatal* est employé ici non dans le sens de *mortel*, mais dans le sens d'un enchaînement logique inéluctable (« C'était fatal »). On désigne ainsi les relations brisées dans lesquelles l'un au moins des sujets a été attiré initialement par les qualités mêmes qui, plus tard, lui apparaissent comme des défauts inacceptables. Par exemple, un sujet mentionne chez son partenaire la confiance en soi comme une qualité appréciée au tout début de leur relation amoureuse, mais un caractère dominateur parmi les traits les moins appréciés. Il en est de même pour

---

1. HILL T., RUBIN Z., PEPLAU L. A., "Breakups before Marriage: the End of 103 Affairs", *Journal of Social Issues*.
2. FELMLEE D. H., "Fatal Attraction", In SPITZBERG B. H., CUPACH W. R., *The Dark Side of Close Relationships*.

des paires telles que brillant professionnellement/trop absorbé par son travail, spontané/imprévisible, un intense intérêt pour moi/jaloux et possessif, détendu/toujours en retard, drôle/jamais sérieux...

Ces attirances fatales, où qualités les plus appréciées et défauts les moins acceptés puisent à la même source, concernent un peu moins d'un tiers des cas de rupture, parmi les étudiants célibataires étudiés. Elles sont presque deux fois plus fréquentes chez les étudiants ayant *initié* la séparation, que chez ceux qui l'ont *subie*. Elles culminent pour des caractéristiques telles que « drôle », « compétent », ou « différent », et pour des qualités perçues comme extrêmes ou uniques (« il est extrêmement intelligent », « c'est un artiste unique »).

Le cas où la probabilité d'attirance fatale est la moins élevée (risque cinq fois moindre que la moyenne) est celui où le sujet a perçu, comme facteur déclenchant son amour, une similitude de son partenaire avec lui-même. On retrouve une fois de plus la tendance classique à l'homogamie.

Cinq hypothèses pourraient rendre compte de l'attirance fatale :
1. Au début de la relation, on se force à ne voir que les bons côtés de la personne aimée.
2. On ne découvre que petit à petit les traits indésirables d'autrui.
3. Les individus changent au cours d'une relation.
4. La familiarité amène à dénigrer certains aspects du partenaire.
5. Le partenaire est réévalué (négativement) après la rupture.

Et vous ?

En résumé, si vous êtes attiré par des qualités rares, originales, ou relativement extrêmes, le risque est grand de ne pas supporter les différences qu'elles induiront avec vous. À l'inverse, les ressemblances perçues, si elles ne déclenchent guère d'effet de « fascination » de prime abord, représentent à moyen ou long terme une sécurité affective et un facteur de stabilité.

L'AMOUR NE DOIT RIEN AU HASARD

> **Florence et Adrien, ou la nécessité de peser le pour et le contre**
>
> Adrien est à la fois attiré par Florence, et rebuté : charmé par ce qu'elle semble être, ou ce qu'elle pourrait être ; et repoussé par sa propension à gâcher l'ambiance, par ses sautes d'humeur, par l'habitude qu'elle a d'alterner « douches froides » et sourires enjôleurs.
> C'est ainsi qu'Adrien a découvert la différence entre l'attirance et l'amour.
>
> Florence a eu un passé affectif chaotique, des parents qui ne s'entendaient pas... Elle a perdu le sens de l'harmonie des relations. Elle se défend, ou attaque, quand elle pourrait aimer. Elle veut séduire en guise de victoire personnelle. Elle s'est enfermée dans un rôle qui ne la rend pas heureuse.
>
> Adrien ne souhaite pas s'improviser psychothérapeute. Il a donc le choix entre tout accepter, ou partir.
> Ils mettent alors fin à leur relation, mais Adrien continue de penser à Florence. Le sentiment d'inachevé, en amour, est lourd à porter[1]... .
>
> Pourtant, à quoi bon s'enferrer dans une relation qui jamais ne donnera satisfaction, parce que ni l'un ni l'autre ne changera ?
> Ce n'est pas amour, qui regarde ailleurs et envie le bonheur de ceux qui se complètent harmonieusement. Mais n'est-ce pas amour justement, qui regrette une présence, lors même que l'on s'est quittés pour toujours ?

Le vrai amour se cache derrière l'attirance. Parfois, il renonce à se manifester, sous les coups de butoir des incompréhensions et des heurts générés par le quotidien.

---

1. On pourrait assimiler l'amour à l'« effet Zeigarnik ». Cet auteur avait en effet montré dès 1927 que l'on mémorise mieux les données d'un problème que l'on n'a pas pu finir de traiter. L'amour semble fonctionner d'une manière analogue : il mobilise tous les moyens affectifs et cognitifs, jusqu'à ce que l'on soit allé « jusqu'au bout »... S'arrêter « au milieu » d'une histoire d'amour suscite malaise et incompréhension. ZEIGARNIK B., « Das Behalten erledigter und unerledigter Handlungen », *Psychologische Forschung*.

Chapitre

Préserver les bénéfices de l'amour

> Clément et Virginie, ou l'ironie du vrai amour
>
> C'est la Saint-Valentin. Clément offre à Virginie un bouquet de jonquilles et une boîte à bijoux ornée de gros cœurs rouges, cerclés d'élégantes imitations de diamants. Elle-même a décoré l'appartement de nombreux cœurs en plastique rouge vif, du plus bel effet romantique.
>
> Elle a aussi pensé aux longues journées de travail de Clément à son bureau, en lui offrant l'objet délicieux qui trônera à l'avenir sur ledit meuble : un superbe Sacré-Cœur, détourné par miracle de sa destination originelle (la valise d'un touriste américain ou asiatique). Si on le retourne, ce Sacré-Cœur se recouvre de flocons de neige en polystyrène – vision émouvante qui rappellera à Clément sa femme chérie, ainsi que la capitale de l'amour. En effet, Paris sera toujours Paris.

Virginie garde précieusement dans son sac à main la lettre dans laquelle Clément osait lui déclarer sa flamme : « Mon amour, depuis que je t'ai vue, aucune des autres ne compte plus. Le battement de tes cils fait battre mon cœur, le bruissement de ton corps emporte mon cœur. Prends-moi en CDD renouvelable. Prends mon amour puisque je n'ai rien d'autre. Donne-moi la clé qui ouvre ton cœur, pour le remplir, et celle de ton appartement parce que je ne sais pas où aller. »

Bien sûr, les amis de Clément et de Virginie ne manquent pas de ricaner dans leur dos. Ces deux-là ont l'air de trop s'aimer. Leurs petites déclarations naïves, leurs regards béats suscitent l'ironie de ceux qui, au fond, ignorent ce qu'est l'amour, occupés qu'ils sont à supporter le conjoint qu'ils se sont choisi pour satisfaire aux exigences sociales ou à leur vanité.

Mais les amoureux n'en ont cure, qui ont trouvé le bonheur dans l'habitude, chaque jour, de donner quelque chose, de faire plaisir, de soutenir, d'écouter, d'aider...

« Deviens ce que tu es[1] »

Nous pouvons nous illusionner par amour, pour sauvegarder notre amour. Nous pouvons aussi connaître véritablement l'autre, son être intérieur, celui qui justement ne se livre que par amour. Car l'être qui se sent aimé s'ouvre, se donne, se confie, révèle son mystère.

La personne qui nous aime vraiment serait alors celle qui voit (peut-être mieux que nous ne le voyons nous-mêmes) notre potentiel, nos qualités cachées, notre possible devenir.

---

1. SCHELER M., *Nature et formes de la sympathie*.

On a nommé récemment[1] *effet Michel-Ange* le processus par lequel des partenaires se modèlent mutuellement, en cherchant à rapprocher l'autre de son modèle idéal. Si pour Michel-Ange la sculpture consistait à libérer une figure enfouie dans le bloc de pierre où elle sommeille, de même notre moi idéal reste souvent à éveiller, à dégager de la gangue de la personnalité qui constitue tout à la fois un masque et une prison enserrant nos rêves et nos aspirations profondes.

Impulsions vers l'idéal

Dans cette étude originale[2], on interrogeait des partenaires en couples engagés à des degrés divers, mariés ou non, mais aussi leurs amis de même sexe.

Les questions ont trait à la perception du partenaire (« Mon partenaire me perçoit-il comme la personne qu'idéalement je voudrais être ? »), à son comportement (« Mon partenaire m'aide-t-il à devenir ce qu'idéalement je voudrais être ? »), et au fait que le sujet a l'impression de s'approcher de son moi idéal. Dans ce dernier cas, on lui demande de lister les quatre qualités principales qu'il aimerait idéalement posséder, puis d'évaluer dans quelle mesure son implication auprès de son partenaire l'a amené à développer ces qualités.

Les résultats indiquent tout d'abord une cohérence entre la perception de l'autre et le comportement adopté face à lui : les individus qui perçoivent chez leur partenaire ce que celui-ci pourrait être idéalement, se comportent de telle façon qu'ils l'aideront à s'approcher de cet idéal.

Ensuite, ils montrent que l'action du partenaire est jugée efficace pour aider l'autre à atteindre son idéal.

---

1. DRIGOTAS S. M., RUSBULT C. E., WIESELQUIST J., WHITTON S. W., "Close Partner as Sculptor of the Ideal Self: Behavioral Affirmation and the Michelangelo Phenomenon", *Journal of Personality and Social Psychology*.
2. *Ibid.*

Enfin, on constate que le bien-être du couple augmente lorsque les partenaires vivent ce mouvement ascendant vers leur moi idéal.

Il faut ajouter que l'effet Michel-Ange n'est pas une simple illusion de perception de la part des partenaires (les intéressés, une fois de plus, idéalisant leur relation), dans la mesure où les amis du couple, observateurs extérieurs à la relation, corroborent ces résultats.

Cette expérience constitue un début de validation de ce modèle d'interdépendance, dans lequel l'amour n'est pas un pouvoir exercé sur autrui pour assouvir nos besoins personnels, mais la découverte de ce qu'est l'autre véritablement et la volonté de l'aider à se révéler à lui-même, à « devenir ce qu'il est ».

Parmi une population étudiante, on a pu montrer[1] qu'une appréciation favorable d'un camarade aperçu mais encore inconnu résulte essentiellement de sa similitude avec le moi idéal de l'étudiant interrogé. Notre sympathie se porterait vers une personne qui ressemble à ce que nous voudrions devenir, plus encore qu'envers celle qui ressemble à ce que nous sommes à présent.

La loi est la même en matière amicale, car Maisonneuve observe que « nous chercherions généralement chez nos amis non point à nous retrouver tels que nous sommes, ni à les découvrir tels qu'eux-mêmes se voient, mais à nous rapprocher de notre idéal, de ce que nous voudrions être[2] ».

---

1. WETZEL C. G., INSKO C. A., "The Similarity-attraction Relationship: Is There an Ideal One?", *Journal of Experimental Social Psychology*.
2. MAISONNEUVE J., *Psycho-sociologie des affinités*.

Pour ce qui est de la relation amoureuse, Freud est probablement le premier à avoir relevé le rôle de l'idéal, lorsqu'il écrit : « Dans maintes formes de choix amoureux, il saute même aux yeux que l'objet sert à remplacer un idéal du moi propre, non atteint[1]. » « Ce qui possède la qualité éminente qui manque au moi pour atteindre l'idéal est aimé[2]. »

Joy d'amour se complaît en elle-même

Lorsqu'on étudie non pas l'amour mais les émotions – positives ou négatives –, on observe en général un effet de *congruence émotionnelle*[3], c'est-à-dire un effet d'entraînement. Nous avons tendance à nous maintenir dans l'état émotionnel dans lequel nous sommes ; cet état éveille des idées, des souvenirs, des jugements ou des actes qui lui correspondent.

Lorsque nous sommes de bonne humeur :

- nous nous remémorons plus facilement des souvenirs heureux que malheureux ;
- nous accordons plus d'attention aux informations positives que négatives ;
- nous interprétons un comportement ambigu comme amical et bienveillant, plutôt qu'hostile ou indifférent ;
- nous avons une vision plus large des choses, l'expression d'idées nouvelles est facilitée.

L'inverse se vérifie en général : une humeur négative (tristesse, colère, peur) engendre plutôt des souvenirs d'expériences pénibles, une concen-

---

1. FREUD S., *Psychologie des masses,* In *Œuvres complètes.*
2. FREUD S., *Pour introduire le narcissisme,* In *Œuvres complètes.*
3. Pour une revue de question détaillée, consulter : BERKOWITZ L., *Causes and Consequences of Feelings.*

tration sur les informations négatives, et des interprétations négatives des événements. Parfois, pourtant, un effort conscient pour restaurer un état intérieur positif annule ce cercle vicieux négatif.

Par ailleurs, le prix à payer pour maintenir une humeur positive n'est pas négligeable. On observe chez ceux qui sont de bonne humeur :
- une moins grande capacité à analyser des informations complexes ;
- un traitement plus superficiel des problèmes à résoudre ;
- une pensée plus stéréotypée ;
- une certaine rapidité de décision, parfois préjudiciable à la découverte d'une solution pertinente.

Les gens de bonne humeur se laissent plus facilement persuader ou influencer, mais ils savent se montrer bienveillants envers un tiers. Tout à leur joie ou à leur bien-être intérieur, ils considèrent que leur situation est favorable, que tout va bien pour eux, et donc que leur façon de considérer les choses et les êtres est la meilleure et ne mérite pas d'être modifiée.

De leur côté, les gens qui éprouvent tristesse ou mal-être sont certes portés à voir le monde conformément à ce qu'ils vivent eux-mêmes, mais ils se remettent davantage en question et analysent plus en profondeur la situation qui pose problème.

Joie et amour s'entretiennent ainsi mutuellement. L'amour, qui est joie et exaltation, admiration et confiance, déclenche tout un faisceau d'idées, de jugements et d'actes en accord avec sa nature. Générosité, prévenance, délicatesse de l'intention et de l'action permettent de maintenir un climat affectif positif. L'idéalisation justifie la bienveillance et empêche de voir ce qui pourrait rendre triste.

Mais inversement, tout laisse à penser que la joie peut être le prélude à l'amour. Tout d'abord, en tant qu'émotion positive, elle entraînera un jugement favorable d'une personne encore mal connue. Et c'est bien le cas dans l'amour naissant : nous ignorons presque tout de l'autre, et nous nous risquons pourtant à un avis, à un engagement. Dans le même temps, les émotions positives accélèrent le traitement des informations disponibles, au risque de se tromper. Ici aussi, on reconnaît un processus à l'œuvre bien souvent dans l'amour naissant : l'amour est impulsif, impérieux. Il n'admet ni les obstacles ni les retards. Nous ressentons une urgence à être avec l'autre, et nous décidons en quelques heures parfois de ce qui nous engage pour toute la vie.

D'humeur positive, nous usons plus facilement de stéréotypes. Et dans le cas qui nous intéresse, les stéréotypes masculins et féminins sont prêts à l'usage, prêts à masquer par leurs généralisations hâtives le caractère particulier de la personne qui nous préoccupe.

D'humeur positive, nous nous laissons plus volontiers influencer. Or qu'est-ce que l'amour naissant, sinon un processus d'influence ? Chacun tente de persuader l'autre de la valeur de sa « candidature », de ses qualités éminentes, du bonheur qu'il aurait à s'engager auprès de lui.

Les émotions positives conditionnent tout cela. Et l'amour naissant n'est fait que des mille manières de produire cet état intérieur qui lui est propice : par un sourire, un présent, un bon repas, une promenade agréable, de la musique, une flatterie, une promesse que l'on sait espérée, par des baisers ou des relations sexuelles. La joie est l'alliée de l'amour : elle lui fraie le chemin lorsqu'il est encore incertain, puis, plus tard, le pérennise et le vivifie.

La machine à créer du sens

Nous avons demandé à des étudiants de prendre connaissance d'un bref récit comportant deux protagonistes (Jonathan et Noémie) ; Noémie est présentée soit comme la petite amie de Jonathan, soit comme sa grand-mère. Tout le reste du texte, relatant un incident au cours d'un voyage en train, est identique. Il est demandé d'établir la liste de toutes les conséquences possibles de l'événement relaté.

On constate que lorsque le récit est interprété au travers du filtre d'une histoire d'amour (Noémie est la petite amie de Jonathan), les participants inventorient significativement *moins* de conséquences possibles.

L'amour paraît agir comme un *accélérateur de sens* : il donne suffisamment de sens à l'histoire pour que l'on puisse se permettre de négliger les informations secondaires. Le simple fait d'évoquer le thème de l'amour entraînerait ainsi un traitement plus superficiel de l'information.

Étendre son royaume

« Deux estions et n'avions qu'un cuer », écrivait François Villon vers le milieu du XVe siècle.

Nous avons parfois, face à un vieux couple, l'impression d'une grande ressemblance des conjoints dans leur façon d'être, leurs expressions, leur style, leur physique même.

Peut-être ne s'agit-il que d'une impression : nous croyons percevoir plus de ressemblances qu'il n'y en a réellement. Nous serions conditionnés à considérer que si deux personnes se sont choisies, c'est qu'elles ont beaucoup en commun.

Peut-être aussi ces époux des noces de chêne sont-ils *vraiment* plus semblables que la moyenne des gens, parce qu'ils se sont *choisis* semblables.

Peut-être enfin le sont-ils devenus, à force d'épreuves communes qui rapprochent, et d'influences mutuelles inévitables lorsque des personnes se côtoient longuement.

Mais la fusion de deux êtres (dont l'union physique n'est que l'image et le symbole) pourrait constituer le *but en soi* de l'amour : aimer, ce serait sortir des limites étriquées du moi, s'approprier en quelque sorte l'intensité de la vie ou des talents que nous ressentons, que nous admirons chez notre partenaire. Avec cette nuance que, dans le véritable amour, on acquiert les richesses de l'autre sans l'appauvrir, par osmose et identification, c'est-à-dire en un effort pour lui ressembler. Tandis que lorsque l'amour n'est qu'un leurre, l'un des deux partenaires s'enrichit en même temps que l'autre s'appauvrit ; l'un des deux se renforce, tandis que l'autre s'affaiblit. Il ne s'agit pas là d'imiter, mais d'« emprunter » ou de voler ; il ne s'agit pas de multiplier une ressource, mais de la répartir à son avantage.

Aimer, c'est étendre notre royaume : bousculer les limites et les routines de notre moi, nous fondre en ce que nous ne connaissons ni ne maîtrisons, sortir de nous-mêmes en nous ouvrant à quelque chose qui nous dépasse.

L'amour nous enrichit

C'est cette thèse que défend Arthur Aron sous le nom d'« inclusion de l'autre dans le soi ». L'amour naîtrait lorsque nous percevons chez quelqu'un des qualités qui, si elles étaient nôtres, accroîtraient notre sentiment de réalisation ou d'efficacité personnelle, et enrichiraient notre vécu intime. L'attraction sera d'autant plus puissante que nous décèlerons chez l'autre un important potentiel d'« expansion de nous-mêmes », qui résulterait de la fusion des deux moi.

Pour tenter de démontrer que le fait de tomber amoureux s'accompagne effectivement d'un sentiment d'enrichissement du moi, on a demandé à plusieurs centaines d'étudiants californiens de répondre à la question : « Qui êtes-vous aujourd'hui ? »[1] Cette question leur a été posée cinq fois

---

1. ARON A., PARIS M., ARON E. N., "Falling in Love: Prospective Studies of Self-Concept Change", *Journal of Personality and Social Psychology*.

au total, espacées chacune d'environ deux semaines et demie. On leur demandait également d'indiquer s'ils étaient actuellement amoureux.

On s'aperçoit que ceux qui tombent amoureux au cours de l'étude donnent des descriptions d'eux-mêmes soudainement plus riches. Il en est de même lorsque l'on compare ceux qui se disent amoureux à ceux qui n'évoquent aucune liaison au cours de l'étude. L'amour naissant accroît aussi l'estime de soi.

Étant donné que les étudiants récemment tombés amoureux n'ont pu changer de personnalité en quelques jours, on est amené à conclure qu'ils tendent à « annexer » à la perception qu'ils ont d'eux-mêmes des traits qui sont ceux du conjoint auquel ils s'identifient.

Cette hypothèse est corroborée par une autre expérience, au protocole plus raffiné[1] : dans des couples mariés, il est demandé à chacun de s'évaluer lui-même, puis d'évaluer son conjoint et une personnalité célèbre, sur une échelle en sept points et à l'aide d'une liste de quatre-vingt-dix adjectifs (traits de caractère).

On présente ensuite à nouveau ces adjectifs, dans un ordre aléatoire, trois fois consécutives. Les participants doivent appuyer le plus vite possible sur l'un des deux boutons qui se trouvent devant eux : pour indiquer que ce trait de caractère s'applique bien à eux-mêmes ou pour signifier qu'il ne s'applique pas à eux. Il s'agit donc à nouveau d'une auto-description. Or les auteurs constatent que les participants mettent plus de temps à répondre lorsqu'il s'agit d'un trait de caractère sur lequel ils diffèrent de leur conjoint. Cet effet ne s'observe pas lorsqu'il s'agit d'un trait de caractère pour lequel ils diffèrent d'un personnage célèbre.

On voit que la perception de nos qualités personnelles interfère avec l'idée que nous nous faisons de notre conjoint. Nous percevons une personne aimée comme faisant partie de nous-mêmes, d'où une possible confusion

---

1. ARON A., ARON E. N., TUDOR M., NELSON G., "Close Relationships as Including Other in the Self", *Journal of Personality and Social Psychology*.

lorsque nous estimons posséder un certain trait de caractère, et en même temps ne pas le posséder. La lenteur relative des réponses, dans ce cas, traduirait une gêne face aux aspects contradictoires de ce « moi étendu ».

Le modèle d'expansion de soi, dans lequel chacun tente d'accroître ses ressources matérielles, sociales, ou intellectuelles, peut aussi expliquer pourquoi l'impression de ressemblance vis-à-vis d'autrui suscite de la sympathie ou un désir de rapprochement, tandis que la préférence s'exerce envers des personnes *dissemblables* dès lors que l'on a la certitude d'en être aimé[1].

En fait, il apparaît bien que l'attirance envers autrui est structurée selon deux axes : il faut s'assurer que l'autre possède suffisamment de qualités susceptibles de nous enrichir par identification, mais aussi qu'il nous aimera en retour. Or, le potentiel d'expansion de soi est beaucoup plus important dans le cas où le partenaire pressenti diffère de nous, alors même que cette situation laisse présager qu'il y a plus de risques qu'il nous rejette. Différences et complémentarités vont faciliter l'expansion et l'accomplissement de soi, au contraire des ressemblances qui procurent un sentiment de sécurité affective.

Si l'amour de l'autre paraît assuré, les choix se portent effectivement vers un partenaire qui ne nous ressemble pas.

Le modèle d'expansion de soi, enfin, peut expliquer pourquoi l'amour envers le partenaire est généralement bien plus intense en début de relation : c'est durant cette phase que l'individualité de chacun s'étend effectivement en englobant des aspects de l'autre. Les phases ultérieures,

---

1. ARON A., ARON E. N., "Self and Self-expansion in Relationships", In FLETCHER G. J. O., FITNESS J., *Knowledge Structures in Close Relationships: a Social-Psychological Approach*.

durant lesquelles l'amour souvent s'émousse, sont aussi celles où l'autre est déjà connu : il n'y a alors plus rien de nouveau à découvrir, et par conséquent le processus d'expansion du moi est stoppé.

Et vous ?

La conclusion qui s'imposerait alors est qu'en amour, il vaut mieux conserver une part de mystère : nous aimons moins ceux que nous connaissons (ou croyons connaître) entièrement. L'amour est admiration, fascination pour quelque chose d'inconnu, quelque chose qui nous échappe. Il est certainement naïf, comme on le pratique dans tant d'enquêtes, de demander aux gens pour quelles raisons ils ont aimé quelqu'un, et de croire que les réponses obtenues correspondent à la réalité de l'attrait amoureux, que les véritables causes de l'amour sont connues de la personne elle-même, qu'elles sont entièrement conscientes.

Nous aimons, tant que nous croyons qu'il y a quelque chose à découvrir. Ensuite, nous repensons aux amours passées et nous nous disons que ce n'était « que ça »...

Conclusion

L'amour enfin révélé : son caractère, sa vie, ses mœurs

Amour a souvent été dépeint sous des traits fantasques, lunatiques et imprévisibles. C'est odieux ! Amour est au contraire réaliste et prévoyant. Pour preuve, il réunit le plus souvent des gens de milieux semblables, plutôt que des gens dissemblables qui risqueraient de ne pas se comprendre et de se heurter.

Amour aime son indépendance, il va où il veut, ne se laisse pas imposer des choix qui ne sont pas les siens (par des entremetteurs, des agences, des sites de rencontre…).

Amour a reçu une bonne éducation : il annonce généralement sa venue par des signes discrets ; nous nous rendons compte qu'une personne compte plus que les autres, que nous pensons à elle, que nous sommes impatients de la revoir. En de rares circonstances toutefois, Amour peut s'inviter à l'improviste (lors du coup de foudre).

Amour, comme tout un chacun, a besoin de s'alimenter. Ses deux mets favoris sont l'admiration et l'idéalisation. Il se nourrit des qualités entrevues mutuellement. Lorsque nous ne percevons plus aucune vraie qualité chez l'autre, que nous n'éprouvons aucune admiration, Amour se meurt et est contraint à l'exil ; il cherche en un autre foyer sa nourriture. Inutile donc d'essayer de le retenir si l'on ne peut lui offrir la nourriture qui lui convient…

Amour est ennemi de la routine et de l'inertie, il ne laisse rien en place, transforme tout autour de lui.

Amour est ennemi de la tristesse, aussi l'a-t-on hâtivement taxé d'infidèle. Mais c'est parce qu'en l'absence de l'être aimé, il préfère assurer le bonheur de quelqu'un d'autre, qui est présent, plutôt que de se morfondre à adorer un absent.

Amour est clairvoyant : il devine des possibilités de rapprochement, des compatibilités, il en suggère, en impose l'idée. Il est persévérant, insistant, obsédant ; il veut arriver à ses fins.

Amour a l'esprit de contradiction, puisqu'il se nourrit des obstacles et s'évanouit lorsqu'il est repu.

Amour possède deux armes : l'idée et l'instinct. Il combine les deux tactiques : jouer sur l'attirance physique, et impressionner les idées et l'imagination. L'attirance, pour devenir Amour, s'en remet à la pensée : nous croyons que c'est « la bonne personne », celle qui nous correspond, celle qui nous apportera le bonheur. Amour est à la fois instinct et mythe, attrait et sentiment de prédestination. Amour ne peut se complaire dans la seule réalité physique. On le dit poète parce qu'il a besoin de rêver et d'embellir la réalité.

CONCLUSION

Amour est maître du destin et non son serviteur. Il crée le destin plus qu'il ne lui obéit : aimer telle chose ou telle personne engendre notre destinée. En aimant, nous acceptons d'être influencés, c'est-à-dire de nous adapter ou de nous « niveler ». Nous sortons de nous-mêmes, nous allons où nous aimons et nous subissons les conditions, les rencontres et les aléas de nos amours.

Amour ne craint pour prédateur qu'un Amour plus grand. Grand Amour supplante et anéantit aussitôt le plus petit.

Amour est semblable à ces seigneurs des anciens temps, qui avaient droit de vie et de mort sur leurs sujets : Amour peut prolonger la vie de ceux chez qui il s'installe, il améliore leur santé, et donne du sens à leur vie ; Amour est donc un bienfaiteur.

Amour ne force personne. Il entre chez ceux qui ont déjà le cœur ouvert et prêt à aimer.

L'amour se joue du hasard

Dans la célèbre pièce de Marivaux, *Le Jeu de l'amour et du hasard*, écrite en 1730, l'auteur considère à l'évidence que l'amour n'a que faire du hasard : les circonstances inattendues qui constituent le ressort comique de la pièce sont impuissantes à leurrer l'amour. Même déguisés en ce qu'ils ne sont pas (maîtres ou valets), les protagonistes voient infailliblement naître en eux un amour conforme à l'ordre social : entre personnes « bien nées » d'une part, entre domestiques d'autre part. L'incongruité de la situation et les hasards de la rencontre font apparaître en contrepoint combien l'amour ne saurait manquer son but, malgré les doutes des intéressés.

Dans le jeu de l'amour et du hasard, les circonstances paraissent souvent déterminantes : une rencontre imprévue, un partenaire qui doit s'absenter, une porte habituellement fermée à clé, mais qui ne l'est pas…

En réalité, même si l'amour joue de ces circonstances, il est au-delà, au-dessus du hasard.

En premier lieu parce que le champ des éligibles est étroitement circonscrit. Les partenaires potentiels correspondant à nos attentes sont rares et/ou déjà engagés. Il n'est donc pas vraiment étonnant que nous éprouvions une forte attirance pour ceux ou celles qui ont eu la bonne idée de nous attendre.

En second lieu, l'amour semble conditionné par les circonstances de la rencontre « miraculeuse » ; il était néanmoins prévisible et n'attendait que cette rencontre pour se manifester. La proximité physique, particulièrement dans le cas où elle est prolongée, a un effet sur l'attirance mutuelle. Nous nous demandons si nous sommes faits l'un pour l'autre, quand bien même nous ne nous serions jamais posé la question si l'autre s'était trouvé un peu plus éloigné. Mais c'est là le jeu subtil de l'amour et du hasard, car l'un des deux, peut-être, joue de ces circonstances propices pour s'approcher encore plus de l'être aimé. Le hasard n'est que l'alibi et le masque d'une *intention* de rapprochement. Le partenaire constate une proximité nouvelle et, le cas échéant, une sympathie naissante. Les circonstances favorables à l'idylle sont alors interprétées comme le signe du destin qui désigne les élus l'un à l'autre, ce qui renforce l'amour.

Mais inversement, les circonstances ne peuvent rien sur celui ou celle qui n'aime pas. Même proches l'un de l'autre, Esmeralda ne tombera jamais amoureuse de Quasimodo. Et plus communément, on pourrait dire que ce n'est pas Amour, qui épouse en guise de punition ou s'engage par commodité.

Les circonstances et le hasard apparent peuvent jouer sur l'*intensité* d'un sentiment plutôt que sur sa *nature*. L'attrait risque d'être plus vif à minuit qu'à dix heures du matin, comme en l'absence de possibilités

CONCLUSION

de comparaison avec quelqu'un de « mieux doté », ou dans un cadre romanesque et hors des repères habituels, plutôt que dans un contexte trivial.

Hasards ou calculs stratégiques stimulent l'amour, mais ne peuvent le créer : il est enfoui en chaque âme et n'attend que l'instant propice pour renaître une fois encore.

Amour est semblable au phénix légendaire qui renaît sans cesse : mille fois nous l'avons cru mort, mille fois nous nous sommes dit que nous n'aimerions plus, et il surgit à nouveau, dans toute la splendeur d'une jeunesse et d'une innocence éternelles.

Bibliographie

Œuvres classiques

BALZAC H. de, *La recherche de l'absolu*, Paris, Librairie Générale Française, 2005.

BALZAC, H. de, *Petites misères de la vie conjugale*, Paris, Arlea, 2002.

BALZAC, H. de, *Physiologie du mariage*, Paris, Gallimard, 1987.

CHODERLOS DE LACLOS P., *Les liaisons dangereuses*, Paris, Hatier, 2002.

FLAUBERT G., *Madame Bovary*, Paris, Gallimard, 2001.

LA ROCHEFOUCAULD F. de, *Maximes*, Paris, Librairie Générale Française, 1991.

MARIVAUX, *Le jeu de l'amour et du hasard*, Paris, Librio, 2003.

MOLIÈRE J.-B., *Dom Juan ou le festin de Pierre*, Paris, Librio, 2003.

MOLIÈRE J.-B., *L'école des femmes*, Paris, Librio, 2003.

MOLIÈRE J.-B., *Le misanthrope*, Paris, Librio, 2004.

MONTAIGNE M. de, *Les essais*, Paris, PUF, 2004.

PASCAL B., *Discours sur les passions de l'amour*, Paris, Mille et une nuits, 1995.

PASCAL B., *Pensées*, Paris, Flammarion, 2005.

SHAKESPEARE W., *Roméo et Juliette*, In SHAKESPEARE, *Œuvres complètes*, Paris, Gallimard 2002.

PLATON, *Le banquet*, Paris, Les belles lettres, 2002.

STENDHAL, *De l'amour*, Paris, Flammarion, 1993.

Tristan et Yseut, Les premières versions européennes, coll., Paris, Gallimard, 1995.

VILLON F., *Le testament*, Paris, Honoré Champion, 2000.

Psychologie de l'amour

Les ouvrages signalés par un astérisque constituent une bonne entrée en matière pour approfondir la question.

ACITELLI L. K., YOUNG A. M., "Gender and Thought in Relationships", In FLETCHER G. J. O., FITNESS J., *Knowledge Structures in Close Relationships: a Social-psychological Approach* (147-168), Mahwah N.J., Lawrence Erlbaum Associates Inc, 1996.

ALBERONI F., *Le choc amoureux. L'amour à l'état naissant*, Paris, Pocket, 1993.

ARON A., ARON, E. N., "Self and Self-Expansion in Relationships", In FLETCHER G. J. O., FITNESS J., *Knowledge Structures in Close Relationships: a Social-psychological Approach* (325-344), Mahwah N.J., Lawrence Erlbaum Associates Inc, 1996.

ARON A., ARON E. N., TUDOR M., NELSON G., "Close Relationships as Including Other in the Self", *Journal of Personality and Social Psychology*, n° 60, pp. 241-253, 1991.

ARON A., PARIS M., ARON E. N., "Falling in Love: Prospective Studies of Self-concept Change", *Journal of Personality and Social Psychology*, n° 69, pp. 1102-1112, 1995.

BIBLIOGRAPHIE

BAR-TAL D., SAXE L., "Perceptions of Similarly and Dissimilarly Attractive Couples and Individuals", *Journal of Personality and Social Psychology,* n° 33, pp. 772-781, 1976.

BAUMEISTER R. F., VOHS K. D., "Sexual Economics: Sex as a Female Resource for Social Exchange in Heterosexual Interactions", *Personality and Social Psychology Review,* n° 8, pp. 339-363, 2004.

BERKMAN L. F., SYME S. L., "Social Networks, Host Resistance, and Mortality: a Nine-year Follow-up Study of Alameda County Residents", *American Journal of Epidemiology,* n° 109, pp. 186-204, 1979.

BERKOWITZ L., *Causes and Consequences of Feelings,* Cambridge, Cambridge University Press & Éditions de la Maison des Sciences de l'homme, 2000.

BLACKHART G.C., BAUMEISTER R.F., TWENGE J.M., "Rejection's Impact on Self-Defeating, Prosocial, Antisocial, and Self-Regulatory Behaviors", In VOHS K.D., FINKEL E.J., *Self and Relationships. Connecting Intrapersonal and Interpersonal Processes*, New York, The Guilford Press, 2006.

BOON S. D., MCLEOD B. A., "Deception in Romantic Relationships: Subjective Estimate of Success at Deceiving and Attitudes toward Deception", *Journal of Social and Personal Relationships,* n° 18, pp. 463-476, 2001.

BOURDIEU P., *La distinction, critique sociale du jugement*, Paris, Éditions de Minuit, 1979.

BOWLBY J., *Attachement et perte*, vol.1, Paris, PUF, 2001.

BOZON M., HÉRAN F., « La découverte du conjoint - I. Évolution et morphologie des scènes de rencontre », *Population,* n° 6, pp. 943-986, 1987.

BOZON M., HÉRAN F., « La découverte du conjoint - II. Les scènes de rencontre dans l'espace social », *Population,* n° 1, pp.121-150, 1988.

BRATSLAVSKY E., BAUMEISTER R. F., SOMMER K. L., "To Love or Be Loved in Vain: the Trials and Tribulations of Unrequited Love", In SPITZBERG B. H., CUPACH W. R., *The Dark Side of Close Relationships* (307-326), Mahwah N.J., Lawrence Erlbaum Associates Inc, 1998.

BRAUN M.F., BRYAN A., "Female waist-to-hip and male waist-to-shoulder ratios as determinants of romantic partner desirability", *Journal of Social and Personal Relationships*, n° 23, pp. 805-819, 2006.

* BREHM S. S., MILLER R. S., PERLMAN D. P., CAMPBELL S. M., *Intimate Relationships*, New York, McGraw-Hill, 2002.

BREHM P., *A Theory of Psychological Reactance*, New York, Academic Press, 1966.

* BUSS D., *Les stratégies de l'amour, Comment hommes et femmes se trouvent*, Paris, InterEditions, 1997.

CANARY D. J., EMMERS-SOMMER T. M., *Sex and Gender Differences in Personal Relationships*, New York, The Guilford Press, 1997.

CLARK R. D., HATFIELD E., "Gender Differences in Receptivity to Sexual Offers", *Journal of Psychology and Human Sexuality*, n° 2, pp. 9-55, 1989.

CLEMENTS M. L., CORDOVA A. D., MARKMAN H. J., LAURENCEAU J. L., "The Erosion of Marital Satisfaction over Time and How to Prevent It", In STERNBERG R. J., HOJJAT M., *Satisfaction in Close Relationships* (335-355), New York, The Guilford Press, 1997.

CRAMER D., *Close Relationships, the Study of Love and Friendship*, London, Arnold, 1998.

DARWIN C., *L'origine des espèces*, Paris, La Découverte, 1985.

DARWIN C., *La filiation de l'homme et la sélection liée au sexe*, Paris, Syllepse, 1999.

DELRIEU A., *Sigmund Freud. Index thématique*, Paris, Economica, 2002.

DOISE W., *L'explication en psychologie sociale*, Paris, PUF, 1982.

DRIGOTAS S. M., RUSBULT C. E., WIESELQUIST J., WHITTON S. W., "Close Partner as Sculptor of the Ideal Self: Behavioral Affirmation and the Michelangelo Phenomenon", *Journal of Personality and Social Psychology*, n° 77, pp. 293-323, 1999.

BIBLIOGRAPHIE

DRISCOLL R., DAVIS K. E., LIPETZ M. E., "Parental Interference and Romantic Love: the Romeo and Juliet Effect", *Journal of Personality and Social Psychology*, n° 24, pp. 1-10, 1972.

DUCK S., *Human Relationships*, London, Sage Publications, 1998.

* DUTTON D. G., ARON A. P., "Some Evidence for Heightened Sexual Attraction under Condition of High Anxiety", *Journal of Personality and Social Psychology*, n° 30, pp. 510-517, 1974.

FALBO T., HAZEN M. D., LINIMON D., "The Costs of Selecting Power Bases Associated with the Opposite Sex", *Sex Roles*, n° 8, pp. 147-158, 1982.

FEHR B., RUSSELL J. A., "The Concept of Love Viewed from a Prototype Perspective", *Journal of Personality and Social Psychology*, n° 60, pp. 425-438, 1991.

FELMLEE D. H., "Fatal Attraction", In SPITZBERG B. H., CUPACH W. R., *The Dark Side of Close Relationships* (3-31), Mahwah N.J., Lawrence Erlbaum Associates Inc, 1998.

FLEISCHMANN A. A., SPITZBERG B. H., ANDERSEN P. A., ROESCH S. C., "Tickling the Monster: Jealousy Induction in Relationships", *Journal of Social and Personal Relationships*, n° 22, pp. 49-73, 2005.

FLETCHER G. J. O., *The New Science of Intimate Relationships*, Oxford Publishers, Blackwell, 2002.

FLETCHER G. J. O., SIMPSON J. A., THOMAS G., GILES L., "Ideals in Intimate Relationships", *Journal of Personality and Social Psychology*, n° 76, pp. 72-89, 1999.

FLOYD F. J., "Couple's Cognitive/Affective Reactions to Communication Behaviors", *Journal of Marriage and the Family*, n° 50, pp. 523-532, 1988.

FOWERS B.J., LYONS E., MONTEL K.H., SHAKED N., "Positive illusions about marriage among married and single individuals", *Journal of Family Psychology*, n° 15, pp. 95-109, 2001.

FREUD S., *Pour introduire le narcissisme*, In *Œuvres complètes 1913-1914*, vol. 12, pp. 213-245, PUF, 2005.

FREUD S., *Psychologie des masses*, In *Œuvres complètes 1921-1923*, vol. 16, pp. 1-83, PUF, 2003.

FRIEDMANN E., THOMAS S. A., "Pet Ownership, Social Support, and One-year Survival after Acute Myocardial Infarction in the Cardiac Arrhythmia Suppression Trial (CAST)", In TURNER D. C., WILSON C. C., *Companion Animals in Human Health*, pp. 187-201, Thousand Oaks, Sage Publications, 1998.

* GALICIAN M.-L., *Sex, Love and Romance in the Mass Media*, Mahwah N.J., Lawrence Erlbaum Associates Inc, 2004.

* GEARY D., *Hommes, Femmes. L'évolution des différences sexuelles humaines*, Bruxelles, De Boeck Université, 2003.

GIDDENS A., *La transformation de l'intimité*, Rodez, Le Rouergue, 2004.

GIRARD A., *Le choix du conjoint,* Paris, INED / PUF, 1964.

GLASS S. P., WRIGHT T. L., "Justifications for Extramarital Relationships: the Association between Attitudes, Behaviors, and Gender", *Journal of Sex Research*, n° 29, pp. 361-387, 1992.

GOUILLOU P., *Pourquoi les femmes des riches sont belles*, Bruxelles, Duculot, 2003.

GRAY J., *Les hommes viennent de Mars, les femmes viennent de Vénus,* Paris, Michel Lafon, 2004.

GUÉGUEN N., *Psychologie de la manipulation et de la soumission*, Paris, Dunod, 2004.

GUIONNET C., NEVEU E., *Féminins/Masculins - Sociologie du genre*, Paris, Armand Colin, 2004.

HAZAN C., SHAVER P., "Romantic Love Conceptualized as an Attachment Process", *Journal of Personality and Social Psychology,* n° 52, pp. 511-524, 1987.

HENDRICK C., HENDRICK S. S., "A Theory and Method of Love", *Journal of Personality and Social Psychology,* n° 50, pp. 392-402, 1986.

HILL T., RUBIN Z., PEPLAU L. A., "Breakups before Marriage: the End of 103 Affairs", *Journal of Social Issues*, n° 33, pp. 168-197, 1976.

* HOUEL A., *Le roman d'amour et sa lectrice. Une si longue passion*, Paris, L'Harmattan, 2000.

HOUSE J. S., ROBBINS C., METZNER H. L., "The Association of Social Relationships and Activities with Mortality: Prospective Evidence from the Tecumseh Community Health Study", *American Journal of Epidemiology*, n° 116, pp. 123-140, 1982.

ICKES W., "Traditional Gender Roles: Do They Make, and Then Break, our Relationships?", *Journal of Social Issues*, n° 49, pp. 71-83, 1993.

JOULE R.-V., BEAUVOIS J.-L., *Petit traité de manipulation à l'usage des honnêtes gens*, Grenoble, PUG, 2002.

JUHEM P., « Les relations amoureuses des lycéens », *Sociétés Contemporaines*, n° 21, pp. 29-42, 1995.

JUNG C. G., *La guérison psychologique*, Genève, Georg, 1993.

JUNG C. G., *L'âme et la vie*, Paris, Buchet Chastel, 1995.

JUNG C. G., *Types psychologiques*, Genève, Georg, 1997.

KAUFMANN J.-C., *Sociologie du couple*, Paris, PUF, 2003.

* KAUFMANN J.-C., *La femme seule et le prince charmant. Enquête sur la vie en solo*, Paris, Armand Colin, 2005.

KELLEY H. H., THIBAUT J. W., *Interpersonal Relations: a Theory of Interdependence*, New York, John Wiley & Sons, 1978.

KOIVUMAA-HONKANEN H., HONKANEN R., VIINAMÄKI H., HEIKKILÄ K., KAPRIO J., KOSKENVUO M., "Self-reported Life Satisfaction and 20-year Mortality in Healthy Finnish Adults", *American Journal of Epidemiology*, n° 152, pp. 983-991, 2000.

LAFRANCE M., HECHT M. A., "Gender and Smiling: a Meta-Analysis", In FISCHER A. H. OATLEY K., MANSTEAD A., *Gender and Emotion* (118-142), Cambridge, Cambridge University Press, 2000.

LEE J. A., "A Typology of Styles of Loving", *Personality and Social Psychology Bulletin,* n° 3, pp. 173-182, 1977.

* LEMAIRE J.-G., *Le couple : sa vie, sa mort. La structuration du couple humain,* Paris, Payot, 1990.

LI N. P., BAILEY J. M., KENRICK D. T., LINSENMEIER J. A., "The Necessities and Luxuries of Mate Preferences: Testing the Tradeoffs", *Journal of Personality and Social Psychology,* n° 82, pp. 947-955, 2002.

LORENZI-CIOLDI F., *Les androgynes,* Paris, PUF, 1994.

MAISONNEUVE J., *Psycho-sociologie des affinités,* Paris, PUF, 1966.

* MAISONNEUVE J., BRUCHON-SCHWEITZER M., *Le corps et la beauté,* Paris, PUF, 2000.

MAISONNEUVE J., LAMY L., *Psycho-sociologie de l'amitié,* Paris, PUF, 1993.

MANER J. K., KENRICK D. T., BECKER D. V., DELTON A. W., HOFER B., WILBUR C. J., NEUBERG S. L., "Sexually Selective Cognition: Beauty Captures the Mind of the Beholder", *Journal of Personality and Social Psychology,* n° 85, pp. 1107-1120, 2003.

MICHAEL Y. L., BECKMAN L. F., COLDITZ G. A., KAWACHI I., "Living Arrangements, Social Integration and Change in Functional Health Status", *American Journal of Epidemiology,* n° 153, pp. 123-131, 2001.

MORIN E., « Le Complexe d'amour », In MOULIN M., ERALY A., *Sociologie de l'amour* (101-109), Bruxelles, Université de Bruxelles, 1995.

MURRAY S. L., HOLMES J. G., "Seeing Virtues in Faults: Negativity and the Transformation of Interpersonal Narratives in Close Relationships", *Journal of Personality and Social Psychology,* n° 65, pp. 707-722, 1993.

MURRAY S. L., HOLMES J. G., BELLAVIA G., GRIFFIN D. W., DOLDERMAN D., "Kindred spirits? The Benefits of Egocentrism in Close Relationships", *Journal of Personality and Social Psychology,* n° 82, pp. 563-581, 2002.

MURRAY S. L., HOLMES J. G., GRIFFIN D. W., "The Benefits of Positive Illusions : Idealization and the Construction of Satisfaction in Close Relationships", *Journal of Personality and Social Psychology,* n° 70, pp. 79-98, 1996.

BIBLIOGRAPHIE

NOLLER P., "Gender and Marital Adjustment Level Differencies in Decoding Messages from Spouses and Strangers", *Journal of Personality and Social Psychology,* n° 41, pp. 272-278, 1981.

NOWAK A., VALLACHER R. R., MILLER M. E., "Social Influence and Group Dynamics", In MILLON T., LERNER M. J., *Handbook of Psychology, vol. 5. Personality and Social Psychology* (383-417), Hoboken N.J., Wiley, 2003.

PAUL E. L., HAYES K. A., "The Casualties of "Casual Sex": a Qualitative Exploration of the Phenomenology of College Students' Hookups", *Journal of Social and Personal Relationships,* n° 19, pp. 639-661, 2002.

* PENNEBAKER J. W., DYER M. A., CAULKINS R. J., LITOWITZ D. L., ACKREMAN P. L., ANDERSON D. B., MCGRAW K. M., "Don't the Girls Get Prettier at Closing Time: a Country and Western Application to Psychology", *Personality and Social Psychology Bulletin,* n° 5, pp. 122-125, 1979.

ROSCH E., "Cognitive Representations of Semantic Categories", *Journal of Experimental Psychology,* n° 104, pp. 192-233, 1975.

ROSENTHAL R., JAKOBSON L., *Pygmalion in the Classroom*, New York, Holt, Rinehart and Winston, 1968.

* ROUGEMONT DE D., *L'amour et l'Occident*, Paris, 10/18, 2001.

SCHELER M., *Nature et formes de la sympathie*, Paris, Payot, 2003.

SCHURMANS M.-N., DOMINICÉ L., *Le coup de foudre amoureux,* Paris, PUF, 1998.

SILLARS A. L., PIKE G. R., JONES T. S., MURPHY M. A., "Communication and Understanding in Marriage", *Human Communication Research,* n° 10, pp. 317-350, 1984.

SILLARS A. L., SCOTT M. D., "Interpersonal Perception Between Intimates: an Integrative Review", *Human Communication Research,* n° 10, pp. 153-176, 1983.

SIMPSON J. A., ICKES W., BLACKSTONE T., "When the Head Protects the Heart: Empathic Accuracy in Dating Relationships", *Journal of Personality and Social Psychology,* n° 69, pp. 629-641, 1995.

SIMPSON J. A., ICKES W., GRICH J., "When Accuracy Hurts: Reactions of Anxious-Ambivalent Dating Partners to a Relationship-threatening Situation", *Journal of Personality and Social Psychology,* n° 76, pp. 754-769, 1999.

SWANN W. B., GILL M. J., "Confidence and Accuracy in Person Perception: Do We Know what We Think We Know about our Relationship Partners?", *Journal of Personality and Social Psychology,* n° 73, pp. 747-757, 1997.

UCHINO B. N., *Social Support and Physical Health. Understanding the Health Consequences of Relationships,* New Haven, Yale University Press, 2004.

VALINS S., "Cognitive effects of false heart-rate feedback", *Journal of Personality and Social Psychology,* n° 4, pp. 400-408, 1966.

WEGNER D. M., LANE J. D., DIMITRI S., "The Allure of Secret Relationships", *Journal of Personality and Social Psychology,* n° 66, pp. 287-300, 1994.

WELIN L., SVÄNDUST K., ANDER-PECIVA S., TIBBLIN G., TIBBLIN B., LARSSON B., WILHELMSEN L., "Prospective Study of Social Influences on Mortality", *The Lancet,* n° 1, pp. 915-918, 1985.

WETZEL C. G., INSKO C. A., "The Similarity-attraction Relationship: is there an Ideal One?", *Journal of Experimental Social Psychology,* n° 18, pp. 253-276, 1982.

WHITE G. L., FISHBEIN S., RUTSTEIN J., "Passionate Love: the Misattribution of Arousal", *Journal of Personality and Social Psychology,* n° 41, pp. 56-62, 1981.

ZEIGARNIK B., "Das Behalten erledigter und unerledigter Handlungen", *Psychologische Forschung,* 9, 1-85, 1927.

Annexe

If

Si tu peux garder la tête froide alors que tous autour de toi perdent la leur, et te blâment ;

Si tu peux garder confiance en toi-même quand tous doutent de toi, et leur permets de douter ;

Si tu peux attendre et ne pas te lasser d'attendre, ou si l'on te ment et que toi-même tu ne mens pas ; ou, étant haï, si tu ne réponds pas par la haine,

Et cependant sans avoir l'air d'être trop bon, ou de parler trop sagement.

Si tu peux rêver – et ne pas laisser les rêves devenir ton maître,

Si tu peux penser – et ne pas faire des pensées ton but,

Si tu peux rencontrer le Triomphe et le Désastre et traiter ces deux imposteurs de la même façon ;

Si tu peux supporter d'entendre les vérités que tu as dites déformées par des coquins pour piéger des idiots,

Ou voir détruites les choses pour lesquelles tu as donné ta vie, et te pencher pour les reconstruire avec de vieux outils ;

L'AMOUR NE DOIT RIEN AU HASARD

Si tu peux faire un tas de tout ce que tu as gagné et
le risquer en une seule fois à pile ou face –
Le perdre, et recommencer comme à tes débuts
Et jamais souffler mot de ce que tu as perdu ;
Si tu peux obliger ton cœur, tes nerfs et tes muscles
à te servir malgré leur abandon,
Et qu'ainsi tu tiennes bon quand il n'y a plus rien en toi
que la Volonté qui leur dit : « Tiens bon ! » ;
Si tu peux parler à des foules et garder ta vertu,
Ou marcher avec des Rois – sans te couper des gens simples,
Si ni tes ennemis ni tes amis ne peuvent te blesser,
Si tout homme compte pour toi mais aucun, trop,
Si tu peux remplir la minute implacable de soixante secondes
d'un chemin qui vaut la peine d'être accompli,
À toi appartiennent la Terre et tous ses biens,
Et – ce qui est bien plus important – tu seras un Homme, mon fils !

Rudyard Kipling

www.ingramcontent.com/pod-product-compliance
Lightning Source LLC
Chambersburg PA
CBHW050145170426
43197CB00011B/1965